Susanne Gurschler

111 Orte
in Tirol,
die man gesehen
haben muss

111

emons:

Bibliografische Information der Deutschen Nationalbibliothek
Die Deutsche Nationalbibliothek verzeichnet diese Publikation
in der Deutschen Nationalbibliografie; detaillierte bibliografische
Daten sind im Internet über http://dnb.d-nb.de abrufbar.

© Emons Verlag GmbH
Alle Rechte vorbehalten
© der Fotografien: Susanne Gurschler, außer
Alpbach Europäisches Forum Alpbach © Philipp Naderer
Fiss Crystal Cube © Bergbahnen Fiss
Innsbruck Bacchus Grotte © KHM-Museumsverband
Kitzbühel Hahnenkammrennen, oben © Hans R. Uthoff
Kitzbühel Hahnenkammrennen, unten © Bergbahn AG Kitzbühel
Schwaz Galerie der Stadt Schwaz © Anne Speier
Layout: Eva Kraskes, nach einem Konzept
von Lübbeke | Naumann | Thoben
Kartografie: altancicek.design, www.altancicek.de
Kartenbasisinformationen aus Openstreetmap,
© OpenStreetMap-Mitwirkende, ODbL
Druck und Bindung: B.O.S.S Medien GmbH, Goch
Printed in Germany 2016
ISBN 978-3-95451-834-0
Originalausgabe

Unser Newsletter informiert Sie
regelmäßig über Neues von emons:
Kostenlos bestellen unter
www.emons-verlag.de

Vorwort

Liebe Leserin, lieber Leser,

es war eine wunderbare Reise, die ich für meine »111 Orte« antreten durfte, eine Reise, bei der ich wieder neue Facetten dieses Landes kennengelernt habe. Es sind Kleinode, Glanzstücke der eigenen Art, die es mir angetan haben. Sie werden sehen, mein Herz schlägt besonders für Kunst und Kultur, für Architektur und natürlich für die Berge – für die speziellen »Gschichtln« davor und dahinter. Sie zeigen ein Tirol abseits der üblichen Klischees, zeigen es im Kleinen, im Stillen, im Skurrilen und – ja – auch mal im nicht so Schönen. Das alles ist Tirol, und noch viel mehr.

Gehen Sie mit mir auf Entdeckungsreise, dieses Buch im Gepäck. Sie werden Augen machen, so wie ich.

Mein Dank gilt allen, die mich unterstützt und ihr Wissen mit mir geteilt haben, insbesondere aber Tanja Rupprecht, Michaela Frick, Claudia Hammerle, Rainer Köberl, Markus Geyr, Christian »Yeti« Beirer, Waltraud Gaugl-Anyanwu, Werner Friedle und Georg Fuchs. Mein größter Dank gilt meiner wunderbaren Schwester und Erstleserin Ulrike, sie hatte – wie immer – ein liebevoll kritisches Auge auf das, was ich geschrieben habe. Gewidmet ist dieses Buch meinen Patenkindern Pauline Iris, Ida Sophie und Anton Serafin.

111 Orte

1 Das Ludwig-Rainer-Grabmal

Ein Nationalsänger trägt Musik in die Welt

Keine Region in Tirol bringt so viele volkstümliche Musiker hervor wie das Zillertal. Das hat Tradition: Im 19. Jahrhundert begeisterten »Tiroler Nationalsänger« ganz Europa und reisten bis nach Amerika. Als einer der bekanntesten Vertreter gilt Ludwig Rainer (1821–1893). Dessen Mutter war Mitglied der »Ur-Rainer«, die 1824 vor Honoratioren in München, Wien, Berlin und Hamburg auftraten. 1828 standen die Sänger »à la Tyrolienne« gar vor der englischen Königin Viktoria. Dem Beispiel der Ur-Rainer folgten einige andere Zillertaler »Natursänger«, so etwa die Familie Strasser.

In den 1830er Jahren formierte sich ein Quartett, bestehend aus Simon Holaus, Margarete Sprenger, Helene Rainer und dem blutjungen Ludwig Rainer, und ging auf Tournee. 1839 setzte die Gruppe nach Amerika über. Mit ihren Liedern über die Berge und die Liebe zur Heimat sorgten sie für Begeisterung. New York, Philadelphia, Boston, Baltimore, St. Louis, New Orleans, Ohio waren Stationen der dreijährigen Reise durch Amerika. Nach einem Intermezzo als Gastwirt in Rattenberg stellte Rainer ein Quintett zusammen. Unmittelbarer Anlass war die Weltausstellung 1851 in Großbritannien inklusive Auftritt vor der Queen. In den folgenden Jahren eilten die »Rainer« von Erfolg zu Erfolg. Sie jodelten vor Napoleon III., absolvierten Konzerte an skandinavischen Höfen und machten eine Russland-Tournee. Deren Höhepunkt stellte der Auftritt vor dem Zaren dar. Rainer managte seine Band und holte immer wieder neue Mitglieder für seine Sängergesellschaft aus Tirol. Mittlerweile ein vermögender Mann, errichtete Rainer in Achenkirch das Hotel Seehof und wurde erneut Gastwirt. Parallel organisierte er Auftritte seiner Truppe unter anderem in Ungarn, Siebenbürgen, Paris, der Walachei und der Türkei. 1893 starb Ludwig Rainer. Er wurde am Friedhof in Achenkirch beerdigt. Auf seinem Grabstein steht: »Ausgelitten, ausgerungen, viel gereist und viel gesungen«.

Adresse Friedhof Achenkirch, Höhe Haus Nummer 386, 6215 Achenkirch | **ÖPNV** Bus 4080, Haltestelle Bäckerei | **Anfahrt** A 12, Ausfahrt Wiesing/Achensee, Kreisverkehr auf B 181 Richtung Achensee, weiter nach Achenkirch, Abfahrt Achenkirch Mitte, Richtung Kirche | **Tipp** Das 1670 erbaute Annakirchlein liegt idyllisch auf einem Hügel in der Nähe des »Dollnhofes«, auch »Greil'ngut« genannt. Dieser war einst der größte Urhof im Achental und wird heute als Golfclubhaus genutzt.

2 Das Europäische Forum Alpbach

Kleines Bergdorf als Schmelztiegel großer Ideen

Alpbach im Alpbachtal ist ein netter Ort, der am Hang klebt. Erst 1926 wurde eine Straße hierhin gebaut, und das Gefühl, ein bisschen aus der Welt zu sein, lässt sich nicht abschütteln. 1945 wählten der Wiener Student Otto Molden und Simon Moser, Dozent für Philosophie an der Universität Innsbruck, diesen Ort, um Österreichische Hochschulwochen durchzuführen. Unter dem Eindruck des Zweiten Weltkriegs wollten sie hier jene politisch engagierten Menschen zusammenbringen, die im Widerstand aktiv gewesen waren. Die französische Besatzung förderte das Anliegen der beiden ebenso wie der damalige Landeshauptmann Karl Gruber.

Aus den Hochschulwochen wurde das Europäische Forum Alpbach, und 1952 wurde das Paula-von-Preradovic-Haus errichtet, benannt nach der Mutter von Molden, der Verfasserin der österreichischen Bundeshymne. Jedes Jahr im August treffen sich hier Größen aus Politik, Wirtschaft, Kunst und Kultur, um über brennende Themen der Zeit zu diskutieren und Lösungsansätze zu suchen. Die Liste derer, die bereits in Alpbach waren, liest sich wie das Who's who der (intellektuellen) Elite: Theodor W. Adorno und Ernst Bloch, Jacques Delors und Werner Heisenberg, Indira Gandhi und Ban Ki-moon, Kardinal König und Erwin Schrödinger – um nur einige zu nennen. Die Strahlkraft des Europäischen Forums Alpbach ist riesig, rund 4.000 Menschen aus über 70 Nationen kommen jährlich hier zusammen.

Und das kleine Dorf im Alpbachtal, das anfangs niemand kannte, steht einige Wochen im Blickfeld der Weltöffentlichkeit. Es gibt mehrere sich zeitlich überlappende Programmpunkte, darunter die Seminarwoche, die Alpbacher Gespräche und die Sommerschulkurse. Die Veranstaltungen des Wissenschaftsforums sind meist in englischer Sprache und für alle offen. 2015, anlässlich des 70-Jahr-Jubiläums, erfolgte ein großzügiger Umbau des Congress Centrums Alpbach.

Adresse Congress Centrum Alpbach, Alpbach 246, 6236 Alpbach | **ÖPNV** Bus 4074, Haltestelle Böglerhof | **Anfahrt** A 12, Ausfahrt Kramsach / Rattenberg, Richtung Rattenberg, Kreisverkehr auf B 171 Richtung Brixlegg, in Brixlegg Kreisverkehr Richtung Alpbachtal, Alpbach Zentrum (Beschilderung Congress Centrum Alpbach folgen) | **Öffnungszeiten** EFA jährlich Mitte Aug. bis Anfang Sept., Informationen über das Programm unter www.alpbach.org, Kontakt forum@alpbach.org | **Tipp** Die Galerie Schmidt in Reith hat ihren Schwerpunkt im Bereich zeitgenössische österreichische Kunst und eine eigene Ausstellung anlässlich des Europäischen Forums Alpbach.

3__ Die Kalkkögel

Die coolsten »Knottn« Nordtirols

Axams, Götzens, Grinzens, Mutters, Neustift und Telfes – gleich sechs Gemeinden haben Anteile an den Kalkkögeln. Die steil aufragende Felsformation ist imposant und wird gern als Dolomiten Nordtirols bezeichnet. Das Aussehen ist das eine, der geologische Aufbau das andere. Auch der ist eine Besonderheit: der Sockel aus Gneis des Ötztaler Kristallins, darüber Schichten aus Wettersteindolomit, sogenannter Knollen- und Muschelkalk. Die Gipfel bestehen aus Hauptdolomit. Die Kalkkögel sind eingebettet in das gleichnamige, rund 77 Quadratkilometer große Ruhegebiet im Bezirk Innsbruck-Land. Zu ihm gehören neben herrlichen Bergketten unter anderem die Telfer Wiesen sowie die Gipfel um das innere Fotschertal. Der einmal wild tosende, dann wieder milde plätschernde Fotscher Bach ist abschnittsweise zum Naturdenkmal erklärt worden.

Die Kalkkögel mit ihren zahlreichen Wanderwegen, Schutzhütten und Almen zählen zu den Naherholungsgebieten der urbanen Bevölkerung in und um Innsbruck. Und hier liegt das Konfliktpotenzial. Denn sie liegen zwischen den Skigebieten Schlick 2000, Axamer Lizum und Mutterer Alm. Touristiker und involvierte Gemeinden hegen Pläne, die Axamer Lizum mit der im Stubaital liegenden Schlick zu verbinden. Dafür müsste eine Seilbahnanlage durch das Ruhegebiet errichtet werden.

Der sogenannte »Brückenschlag« stieß auf heftige Ablehnung – hauptsächlich bei der urbanen Bevölkerung und den alpinen Vereinen. Das Tiroler Naturschutzgesetz 2005 untersagt zwar die Errichtung von Seilbahnen beziehungsweise Seilbahnstützen, doch die Idee ist nicht neu und wird immer wieder aufs Tapet gebracht. Zuletzt verschärften sich die Kontroversen auf politischer Ebene. Die Pläne wurden ad acta gelegt – vorerst. Denn in Tirol hat es Tradition, dass umstrittene Projekte fröhlich Urständ feiern, sobald die politische Großwetterlage sich ändert oder der Widerstand eingeschlafen ist.

Adresse Nähe Adolf Pichler Hütte, 6094 Axams | **ÖPNV** Bus 4162, Grinzens/Haltestelle Wendeplatz (Wanderung circa 2,5 bis 3 Stunden zur Adolf Pichler Hütte) | **Anfahrt** A 12, Ausfahrt Zirl Ost, weiter Richtung Kematen, dann links Richtung Axams und weiter Richtung Grinzens, von dort ins Senderstal (Mautstraße/teilweise asphaltierter Forstweg) bis Kemater Alm | **Tipp** Ein herrliches Plätzchen ist der Salfeinssee, von dort gibt es einen wunderbaren Panoramablick auf die Kalkkögel.

4__ Das Ludwig-Steub-Denkmal

Der Bayer, der Tirol schreibend eroberte

Mit »Drei Sommer in Tirol« verfasste Ludwig Steub (1812–1888) einen Klassiker der Reiseliteratur. Zwei Jahre war der im bayerischen Aichach geborene Jurist dafür durch Tirol gewandert, hatte Eindrücke gesammelt. Als das Buch 1846 erschien, hatte es allerdings nicht den Erfolg, den der Autor sich erhofft hatte. In Tirol wurde es sogar kritisch aufgenommen.

Das lag zum einen daran, dass Steub eine dezidiert antiklerikale Haltung einnahm, was im katholischen Tirol nicht gut ankam. Zum anderen sahen es Autorenkollegen kritisch, dass ausgerechnet ein Bayer die Tiroler Seele erklärte. Unter den Skeptikern fand sich auch Beda Weber, der einige Jahre zuvor selbst einen Tirol-Führer herausgebracht hatte (»Das Land Tirol«). Dabei macht(e) gerade dieser Blick von außen den Reiz der Steub'schen Schilderungen aus. Der Autor ließ sich von derlei Querschlägen nicht beirren und brachte in den folgenden Jahren noch zahlreiche Schilderungen tirolischer Wesensarten und Orte zu Papier. Die meisten erschienen in der »Allgemeinen Zeitung« in Deutschland. Damit trug Steub wesentlich dazu bei, dass unsere nördlichen Nachbarn Tirol als Reiseland entdeckten. Ein einfacher Zeitgenosse war er wohl nicht. Er überwarf sich mit den meisten seiner Schriftstellerkollegen, und das, obwohl er ein Förderer Tiroler Literatur und Literaten war. Im Alter haderte er zudem mit dem mangelnden Erfolg seiner Schriften und damit, weder in Tirol noch in Bayern richtig gewürdigt zu werden.

Trotzdem hielt Steub sich gern in Tirol auf, nach seiner Pensionierung bevorzugt in der Gegend um Brixlegg. Die Brixlegger dankten es dem Reiseschriftsteller, indem sie ihm 1898, zehn Jahre nach seinem Tod, ein Denkmal setzten. Am Mühlbichl oberhalb des Festplatzes findet sich das in Stein gehauene Konterfei von Ludwig Steub, der gern als »Vater des Tiroler Fremdenverkehrs« bezeichnet wurde.

Adresse beim Festplatz Brixlegg (Nähe Mühlbichl 30), 6230 Brixlegg | ÖPNV Bahn Haltestelle Brixlegg; Bus 4074, Haltestelle Mühlbichlsiedlung | Anfahrt A 12, Ausfahrt Kramsach / Rattenberg, Richtung Rattenberg, Kreisverkehr auf B 171 Richtung Brixlegg, in Brixlegg Kreisverkehr Richtung Alpbachtal, linker Hand bei der Feuerwehrhalle parken, kurzer Fußweg hinauf Richtung Mühlbichl / Festplatz | Tipp Das Gasthaus Herrnhaus im Zentrum wurde 1416 erstmals urkundlich erwähnt und war Sitz der Grafen von Grasegg. Heute ist es ein atmosphärisches Gasthaus mit gutbürgerlicher Küche.

5__ Die Rottenburg
Eine Entscheidung und alles dahin

Einst war die Rottenburg eine mächtige, eine weithin sichtbare Wehrburg. Heute stehen nur noch Teile der Ruine fast unsichtbar auf einer dicht bewaldeten Felskuppe rund eine halbe Stunde Fußweg von Rotholz entfernt: Reste der Ringmauer, des äußeren und inneren Burgtores, der Haupt- und der Vorburg. Ein mystischer Ort. Dominant platziert ist die Notburgakapelle. Sie wurde allerdings erst 1956/57 erbaut.

Errichtet wurde die Burg bereits im 12. Jahrhundert, und sie war der Stammsitz des bayerischen Geschlechts der Rottenburger. Sie verwalteten das Gebiet zwischen Volders und Ziller und stiegen zu den obersten Beamten am Hof des Landesfürsten auf. Neben dem Regenten waren die Rottenburger angeblich die reichsten Grundherren in Tirol. Dann allerdings machte Heinrich IV. von Rottenburg einen fatalen Fehler. 1410 stellte er sich gegen den Landesherrn Herzog Friedrich und provozierte damit eine kriegerische Auseinandersetzung, bei der große Teile der Burg zerstört wurden. Friedrich gewann, und die Rottenburg fiel an den Landesfürsten. Sein Nachfolger, Herzog Sigmund, nutzte die strategische Lage der Rottenburg und errichtete auf den Überresten eine gotische Wehranlage, die als Sitz der landesfürstlichen Pfleger und Richter diente. Als Herzog Ferdinand II. den Gerichtssitz von der Rottenburg nach Rotholz verlegte, verlor die Rottenburg ihre Bedeutung. Sie verfiel, und die Natur eroberte sich den Ort nach und nach zurück.

1956/57 entstand anstelle des ehemaligen Eckturms die Notburgakapelle in Erinnerung an die einzige Tiroler Heilige, die in Rattenberg geboren und auf der Rottenburg als Dienstmagd tätig gewesen war. Anfang der 1990er Jahre initiierte Kaplan Ludwig Penz, dass die Burgreste freigelegt und restauriert wurden. 1999 kam die Versöhnungsstiege dazu. Sie erinnert an die Versöhnung der beiden verfeindeten Rottenburger Brüder, Heinrich und Siegfried, durch die heilige Notburga.

Adresse Bergkuppe südlich von Rotholz, 6220 Buch / Rotholz | **ÖPNV** Bus 4121, 4119, Haltestelle Gasthaus Esterhammer | **Anfahrt** A 12, Ausfahrt Jenbach, auf B 171 Richtung Buch / Rotholz, links nach Rotholz, Richtung Gasthaus Esterhammer, Parkplatz Fleck-viehversteigerungshalle. Der Weg führt beim Gasthaus Esterhammer bergauf, Gehzeit circa 30 Minuten | **Tipp** Das Gasthaus Esterhammer verfügt über drei herrliche alte Stuben (der altdeutsche Speisesaal im ersten Stock datiert von 1896) und gilt als eine der ersten Adressen in der Region; hervorragende Küche.

6__ Die Tischofer Höhle

Unterschlupf für Bären und Revolutionäre

Die Tischofer Höhle im Kaisertal ist ein mystischer Ort. Rund 40 Meter in den Felsen geht sie hinein, am Eingang ist sie rund 20 Meter breit und acht Meter hoch. Beeindruckend ist nicht nur ihre Größe, sondern auch ihre Geschichte. Sie gilt als wichtigste Fossilienfundstätte Tirols. Knochenreste von nicht weniger als 380 Bären wurden hier freigelegt, dazu kamen die von Füchsen, Steinböcken, Wölfen, Rentieren und Höhlenhyänen. Auch eine Gämse, ein Höhlenlöwe und ein Murmeltier fanden hier ihre letzte Ruhe.

Die Höhle dürfte auch als Unterkunft für Menschen gedient haben, das belegen bearbeitete Knochenspitzen. Datiert sind die Relikte auf rund 37.000 Jahre. Womit die Tischofer Höhle die bis dato älteste Fundstelle menschlicher Erzeugnisse in Tirol ist. Was wiederum bedeutet, dass die Gegend um Kufstein die älteste besiedelte Tirols sein dürfte. Rätsel geben die Skelettteile aus der Bronzezeit auf, die 1906 gefunden wurden. 35 Menschen, darunter zahlreiche Kinder und Jugendliche, sind hier gleichzeitig gestorben.

Östlich der Tischofer Höhle liegt die kleine Hyänen-Höhle. Sie ist fünf Meter breit, zwei Meter hoch und etwa drei Meter tief. Angesichts der beeindruckenden Größe der Tischofer Höhle beachtet sie der Wanderer zunächst kaum. Ein Fehler. Denn auch sie hat über Jahrtausende wertvolle Schätze bewahrt. Forscher entdeckten hier Hauskeramiken sowie die tönerne Winddüse eines Schmelzofens. Die bedeutendsten Fundstücke sind heute im Museum auf der Festung Kufstein ausgestellt.

Und nun zu den Revolutionären. 1809, als sich die Tiroler gegen die bayerische Besatzung auflehnten, hielten die Revolutionäre hier angeblich konspirative Treffen ab und nutzten die schwer zugängliche Höhle als Waffenlager. Die Überlieferung will, dass sich hier ein steinerner Tisch befunden hat. Was die Aufständischen dazu veranlasste, als Losung auszusprechen, sie gingen »zum Tisch oba«. Woraus der Name Tischofer Höhle entstanden sein soll.

Adresse kurz vor dem Zottenhof, 6330 Ebbs / Kaisertal | **ÖPNV** Bahn, Haltestelle
Kufstein, weiter mit Stadtbus 1, Haltestelle Kaisertal; Bus 4030, Haltestelle Kaisertal |
Anfahrt A 12, Ausfahrt Kufstein Nord, Kreisverkehr Richtung Ebbs, Hinweisschild
»Kaisertal« rechts einbiegen, gebührenpflichtiger Parkplatz in Kufstein / Sparchen, Gehzeit
circa 40 Minuten | **Tipp** Die Theaterhütte auf der anderen Seite des Tales war von 1923 bis
Mitte der 1950er Jahre Sitz des Theatervereins Kufstein; heute ist sie ein Restaurant.

7_Das Hotel Alpenhof
Grandhotel als britisches Mädcheninternat

Es ist ein bisschen wie das Schloss, in dem Dornröschen schläft. Nur dass es kein Schloss ist, sondern ein Hotel, keine undurchdringlichen Hecken es umgeben, sondern hohe Bäume. Das Hotel Alpenhof in Pertisau am Achensee war einmal eine der besten Adressen im Ort, ein Grandhotel, das Noblesse verströmte, errichtet um 1900 und 1929 nach Plänen des Innsbrucker Architekten Siegfried Mazagg umgebaut. Das Hotel war sogar so beeindruckend, dass es Eingang in die internationale Literatur fand.

Die englische Schriftstellerin Elinor Brent-Dyer (1894–1969), die 1924 im Hotel Alpenhof geurlaubt hatte, machte das Hotel zum Schauplatz ihrer Jugendbuchserie »Chalet School«, in der sich alles um die jungen Insassinnen eines Mädcheninternats dreht. In ihren Romanen heißt Pertisau Briesau und liegt am Tiernsee (dem Achensee). Neben Joey, Grizel und Simone besuchten die »Chalet School« anfangs sieben Tiroler Mädchen. Die unterschiedlichen Nationalitäten und Religionsbekenntnisse, die familiäre Atmosphäre und die exotische alpine Umgebung machten dieses Buch sofort zu einer Besonderheit auf dem englischen Buchmarkt.

Nach dem Anschluss Österreichs an Nazideutschland war der Schauplatz für die Autorin nicht mehr tragbar, und sie übersiedelte das Internat zunächst nach Großbritannien, später in die Schweiz. Insgesamt hat Brent-Dyer rund 60 »Chalet School«-Bände geschrieben. Heute pflegen die »Friends of the Chalet School« die Erinnerung an die Autorin. Erstausgaben ihrer Bücher sind rar und heiß begehrt.

Als die Besitzerin starb, wurde das Hotel Alpenhof in den 1960er Jahren, so wie es war, versperrt. Seither gammeln Gebäude und Inventar vor sich hin. Große Schilder warnen davor, das Haus zu betreten. Es besteht Einsturzgefahr. Das Landeskonservatorat Tirol hat das Hotel zwar unter Denkmalschutz gestellt, wachküssen aber tut die verfallende Schönheit wohl niemand mehr.

Adresse schräg hinter dem Hotel Post, 6215 Eben / Pertisau | **ÖPNV** Bus 8332 und
Oberbayernbus (D) 9550, Haltestelle Hotel Post | **Anfahrt** A 12, Ausfahrt Achensee /
Wiesing, im Kreisverkehr auf B 181 Richtung Achensee, links abzweigen Richtung Pertisau,
in Pertisau schräg hinter dem Hotel Post | **Öffnungszeiten** nur von außen zu besichtigen,
baufällig | **Tipp** Die Achenseebahn wurde 1889 eröffnet. Die Dampflokomotive fährt von
Jenbach zum Seespitz am Achensee. Von dort führt ein Uferweg bis nach Pertisau.

8__ Die Prälatenbuche

Schiff ahoi! – sagte der Prälat am Ufer sitzend

Wie ein Ohr ragt die Plattform in den Achensee. Hier sitzen, lauschen, wie die Wellen am Ufer brechen, hören, wie sie stürmischer werden, noch bevor ein Schiff zu sehen ist. An dieser Stelle, rund 20 Minuten Gehzeit nördlich von Pertisau, soll Prälat Albert Wildauer (1841–1915) gern gesessen sein.

Es ist leicht, sich vorzustellen, dass ihm hier die Idee kam, den Achensee touristisch zu nutzen und regelmäßig Schifffahrten anzubieten. Seit 1112 war der größte See Tirols im Besitz des Benediktinerstiftes St. Georgenberg, und schon Wildauers Vorgänger hatte sich um die touristische Entwicklung der Region bemüht. Wildauer kaufte ein dampfbetriebenes Passagierschiff. Die Einzelteile kamen per Bahn nach Jenbach, von dort mit Pferdegespannen nach Pertisau, wo sie zusammengebaut wurden. Am 27. Juni 1887 stach die »St. Josef« in See, zwei Jahre später die größere »St. Benedikt«. Die Zahl der Passagiere stieg so rasant, dass bereits 1911 mit »Stella Maris« ein drittes Schiff in Betrieb genommen wurde – das erste dieselmotorbetriebene Schiff auf einem österreichischen See.

Nach dem Ersten Weltkrieg kaufte die Stadt Innsbruck den Achensee. Sie benannte die »Stella Maris« in »MS Innsbruck« um; 1925 kam die »MB Tirol« dazu, ein kleines Motorboot für die Zwischensaison. Als 1958 die St. Benedikt abgewrackt wurde, gab es nur noch dieselbetriebene Schiffe. 1995 tuckerte die »MS Innsbruck« das letzte Mal über den See. An ihre Stelle trat die »MS Tirol« mit zwei Decks, Bordgastronomie und Platz für 600 Personen. Wenige Jahre später bekam sie mit der »MS Innsbruck« wieder Gesellschaft.

Anlässlich des 125-Jahr-Jubiläums der Achenseeschifffahrt 2012 wurde der Platz, an dem Wildauer so gern gesessen sein soll, neu gestaltet und mit einer Erinnerungstafel versehen. Unter der Prälatenbuche auf den Holzliegen mümmelnd, den Wellen nachlauschen, das hätte dem Abt sicher gefallen.

Adresse Pertisau, am Ufer entlang Richtung Gaisalm, 6213 Eben/Pertisau | **ÖPNV** Bus 8332 und Oberbayernbus (D) 9550, Haltestelle Bootshaus | **Anfahrt** A 12, Ausfahrt Achensee/Wiesing, im Kreisverkehr B 181 Richtung Achensee, abzweigen Richtung Pertisau, Pertisau Zentrum, rund 20 Minuten Fußweg | **Tipp** Seit 1902 baut die Familie Albrecht in der Gegend um Pertisau Steinöl ab. Das Tiroler Steinöl findet Einsatz als Pflege- und Hausmittel. Das Unternehmen stellt unter anderem Cremes, Massageöle und Shampoos her.

9_Johann Anton Falger
Sammler, Forscher und Heimatkundler

Johann Anton Falger (1791–1876) kann wohl als Universalgelehr-
ter bezeichnet werden. Der Sohn eines Bäckers wuchs in Elbigenalp
im Tiroler Lechtal auf, ging bei Karl Selb im nahen Stockach in die
Lehre und besuchte die Kunstakademie in München. Er arbeitete als Graveur und Lithograf in München, später als Kartograf und
Buchillustrator in Weimar, dann wieder in München.

1831 kehrte Falger in seine Heimatgemeinde zurück und eröffnete eine Zeichenschule; eine seiner Schülerinnen war Anna
Stainer-Knittel, die später als Geierwally bekannt wurde. Parallel
arbeitete er an seinem eigenen künstlerischen Werk, zu dem die bekannte »Todtentanz«-Serie gehört. Und er betätigte sich als Erfor-
scher der Heimat.

Ob Schmetterlinge, Mineralien oder Fossilien, Steine oder Holz-
arten, Trachten oder Schriften – Falgers Sammelleidenschaft war
unerschöpflich. Er schrieb über bayerische und schweizerische
Volkstrachten, über Architektur und Tiroler Persönlichkeiten, über
Wallfahrtsorte und Gnadenbilder, Lechtaler Flur- und Familienna-
men sowie historische Ereignisse. Nicht zu vergessen seine »Chronik
des Lechtals«, die es in mehreren Abschriften gibt. Falgers Haus in
Elbigenalp war Ziel vieler Wissenschaftler, Forscher und Gelehrter.
Besonders am Herzen lag Falger seine lebenslange Freundschaft mit
Marie von Bayern, die ihren Sommerurlaub im Lechtal verbrachte.
Ihr vermachte er sogar sein Haus.

2015 wurde die »Wunderkammer Elbigenalp« eröffnet. Eine ihrer Aufgaben ist es, das Andenken an diesen vielseitigen, verdienten
Mann hochzuhalten. Gleichzeitig sind hier Teile seines kostbaren
Archivs verwahrt. Besonders bemerkenswert ist die »Bibliothek«, die
einen schönen Eindruck von Falgers immenser Sammelleidenschaft
gibt. Die Wunderkammer ist im ehemaligen Doktorhaus untergebracht, nicht weit entfernt vom Wohnhaus des Gelehrten, der vielen
als »Vater des Lechtals« galt und gilt.

Adresse Dorf 47, 6652 Elbigenalp | **ÖPNV** Bus 4268, Haltestelle Hotel Alpenrose | **Anfahrt** A 12, Ausfahrt Mötz / Reutte / Fernpass, Richtung Mieming, im Kreisverkehr auf B 189 Richtung Obsteig / Fernpass, bei Nassereith weiter auf B 179 Richtung Reutte, Ausfahrt Reutte Süd, auf B 198 Richtung Elbigenalp, Elbigenalp Zentrum | **Öffnungszeiten** Besucherinformationszentrum täglich 8–20 Uhr, Wunderkammer Mi–So 10–12 und 14–18 Uhr, Führungen nach Vereinbarung, Kontakt unter info@wunderkammer.tirol | **Tipp** In der St.-Martins-Kapelle mit Holzbalkentonnengewölbe ist ein »Todtentanz« von Falger und in der Unterkapelle ein altes Beinhaus zu sehen.

10 Die Geierwally Freilichtbühne

Eine Felswand gibt die mächtige Kulisse

Möglich, dass einige dem Projekt keine Zukunft voraussagten. Doch die Initiatoren haben bewiesen, mit Engagement und Herzblut lassen sich verwegene Projekte umsetzen – allen voran Franz Lang, lange Obmann des Vereins »Geierwally Freilichtbühne«, sowie die Autorin und Theaterfrau Claudia Lang. Bereits 1990 stand die Idee im Raum, in Elbigenalp ein Freilichttheater zu realisieren, wie es in ganz Tirol kein zweites gab: am Eingang zur Bernhardstalschlucht zwischen Felswand und Bach. 1993 war es so weit, die Geierwally Freilichtbühne wurde eröffnet. Benannt war sie nach einer der interessantesten Persönlichkeiten aus Elbigenalp, der Künstlerin Anna Stainer-Knittel (1841–1915). Diese war international bekannt geworden, weil sie im Alter von 17 Jahren einen Jungadler aus dem Nest geholt hatte – und dafür von Wilhelmine von Hillern im Heimatroman »Geierwally« und später im Film »Geierwally« verewigt wurde.

Stainer-Knittel war mehr als ein unerschrockenes Tiroler Madl, sie war eine begabte Malerin, die an der Kunstakademie in München studierte. Da ihr die Geldmittel fehlten, konnte sie die Ausbildung allerdings nicht abschließen. Die Künstlerin heiratete, wurde Mutter dreier Kinder und eröffnete in Innsbruck eine »Zeichen- und Malschule für Damen«. Diese Schule leitete sie bis ins hohe Alter hinein. Stainer-Knittel darf als eine für ihre Zeit emanzipierte Frau gesehen werden, die ihre Karriere zugunsten der Kinder und der Familie zwar einschränkte, aber nicht ganz aufgab. Kein Geringerer als der Tiroler Dramatiker Felix Mitterer schrieb das Eröffnungsstück »Geierwally« für die Freilichtbühne am Eingang der Bernhardstalschlucht. Die Musik steuerte Toni Knittel bei, Urgroßneffe von Anna Stainer-Knittel. Das Stück war so erfolgreich, dass es im nächsten Jahr gleich noch einmal auf die Bühne kam. Heute zählt die Geierwally Freilichtbühne zu den bedeutendsten Laienbühnen des Landes.

Adresse Eingang Bernhardstalschlucht, 6652 Elbigenalp | **ÖPNV** Bus 4268, Halte-stelle Hotel Alpenrose | **Anfahrt** A 12, Ausfahrt Mötz / Reutte / Fernpass, Richtung Mieming, im Kreisverkehr auf B 189 Richtung Obsteig / Fernpass, bei Nassereith weiter auf B 179 Richtung Reutte, Ausfahrt Reutte Süd, auf B 198 Richtung Elbigenalp, in Elbigen-alp oberhalb der Schnitzschule | **Öffnungszeiten** zugänglich nur bei Aufführungen der Geierwally Freilichtbühne, Informationen unter www.geierwally.at, Kontakt unter geierwally@lechtal.at | **Tipp** Am Aufgang zur Freilichtbühne befinden sich die Fachschule für Kunsthandwerk, Bildhauerei, Vergolder und Schilderhersteller sowie die private Schnitz- und Bildhauerschule Geisler-Moroder mit Exponaten jeweils im Freien.

11 Das Meißner Haus

Zwei wunderbare Öfen

Ging es um die Ausstattung ihrer Hütten, ließen sich die Alpinisten vergangener Tage nicht lumpen. Ernst Teichert von den Teichert-Werken in Meißen war da keine Ausnahme. Der Betrieb hatte sich mit hochwertigem Gebrauchsgeschirr, Wandfliesen und Kachelöfen einen Namen gemacht. Als die Sektion Meißen 1926 im Viggartal bei Ellbögen eine Schutzhütte errichtete, steuerte er zwei Kachelöfen bei. Und was für welche.

Einer steht in der großen Stube. Jede Kachel dieses Ofens ist ein Unikat. Der Stifter Ernst Teichert hat sich darauf verewigt, zusammen mit seinem Freund Hans Hörtnagl, dem die Alm neben der Hütte gehörte. Einzelne Kachelmotive erzählen kleine Geschichten: die Hand zum Beispiel, die schützend über einen Haufen Münzen gehalten wird, oder das zünftige Pärchen in Joppe und Dirndl, in dessen Mitte zwei brennende Herzen flackern, oder die Heuschrecke, die auf einem Stapel Bücher sitzt. Dazu Abbildungen von Tieren und Pflanzen. »Dies ist des Mannes Reich«, steht hier auch zu lesen. Ein klarer Verweis auf Meißen sind die Weintrauben, war die Umgebung von Meißen doch Weinbaugebiet.

Dem Besonderen der Hülle entspricht auch das Innenleben des Ofens. Die Befeuerung ist eine Kunst für sich, sagt Hüttenwirt Sven Deppe, zwei Füllungen reichen für den ganzen Tag. Denn die Hitze wird über mehrere Stufen durch den Ofen geleitet und dadurch optimal verteilt. Geputzt wird der original Meißenofen immer vom Sektionsobmann Georg Haas: Vorsichtig löst er die runden Kacheln, reinigt den Innenraum und befestigt die Kacheln wieder. In der kleinen Stube, dem Springer-Stüberl, steht der zweite Ofen. Er ist kleiner, die Kacheln in Blau-Weiß und ohne schmückende Motive, dafür mit einem moralischen Spruch versehen: Der Weise ein Haus sich baut, zuvor in seinen Säckel schaut.

Teichert mag zwar auf seinen Säckel geschaut haben, mittlerweile sind diese Meißenöfen aber eine äußerst wertvolle Rarität.

Adresse Viggar 141/1, 6083 Ellbögen / Viggartal | **ÖPNV** Bus 4141, Haltestelle Ellbögen / Mühltal | **Anfahrt** A 13, Ausfahrt Patsch / Igls, Richtung Ellbögen, Ortsteil St. Peter, abzweigen ins Mühltal, gebührenpflichtiger Parkplatz (Wanderung circa 2 Stunden) | **Öffnungszeiten** ganzjährig geöffnet, Info unter www.meissner-haus.at, Kontakt unter info@meissner-haus.at | **Tipp** Die Hinterlocher Mühle am Falkasanerbach in Oberellbögen ist in circa 20 Minuten zu Fuß zu erreichen. In der Schaumühle gibt es regelmäßig und auf Anfrage Mahlungen.

12 __ Der Lech

»Tagliamento des Nordens« – vom Bächlein
zum Wildfluss

264 Kilometer lang ist der Lech insgesamt, rund 62 Kilometer befinden sich auf Tiroler Boden. Er entspringt in Lech am Arlberg, genauer im Zuger Tal am Zusammenfluss von Formarinbach und Spullerbach, und bahnt sich den Weg durch das Lechtal bis ins Allgäu, um bei Rain in die Donau zu münden. Ein Weitwanderweg führt von der Quelle bis nach Füssen. Alles ist in steter Bewegung: Mit dem jährlichen Hochwasser kommen und vergehen Kiesablagerungen, Schotterbänke entstehen und verschwinden.

Dazu die Auwälder, für deren Existenz eine regelmäßige Überflutung notwendig ist. Das weitläufige Flussbett und sein Umfeld sind ein Paradies für Vögel, Lurche, Krebse und Insekten. Rund ein Drittel aller in Tirol beheimateten Pflanzen wachsen hier, von diesen wiederum ist ein Drittel selten bis gefährdet. Der Lech gehört neben dem italienischen Fluss Tagliamento zu den letzten intakten Wildflusslandschaften Europas, weswegen er gern als »Tagliamento des Nordens« bezeichnet wird. Entsprechend streng ist er geschützt.

Im Jahr 2000 wurde der Lech zum Natura-2000-Gebiet erhoben. Basis dafür waren die Flora-Fauna-Habitat- und Vogelschutzrichtlinien. Seit 2004 ist er Naturschutzgebiet. Dieses umfasst 41,38 Quadratkilometer und damit den Wildfluss selbst, seine Überflutungszonen, die Auwälder, die wesentlichen Zuflüsse und einen Teil der Mischwälder. Damit ist der »Naturpark Tiroler Lech das größte zusammenhängende Schutzgebiet im Talbereich Tirols«, wie auf der Homepage des Vereins »Naturpark Tiroler Lech« steht. Nach langem Hin und Her erhielt nicht die Gemeinde Weißenbach den Zuschlag für die Errichtung des Naturparkhauses, sondern die Gemeinde Elmen. Das Verwaltungsgebäude ist auf der Klimmbrücke aufgeständert und verfügt über einen multifunktionalen Ausstellungsraum. Die angebrachten Fotovoltaikanlagen produzieren im Jahr mehr Strom, als für die Versorgung des Gebäudes notwendig ist.

Adresse Naturpark Tiroler Lech, Klimm 2, 6644 Elmen / Lechtal | **ÖPNV** Bus 4268, 4266, Haltestelle Elmen Dorf | **Anfahrt** A 12, Ausfahrt Mötz / Reutte / Fernpass, Richtung Mieming, im Kreisverkehr auf B 189 Richtung Obsteig / Fernpass, bei Nassereith weiter auf B 179 Richtung Reutte, Ausfahrt Reutte Süd, auf B 198 Richtung Elbigenalp, in Elmen rechter Hand Klimmbrücke | **Öffnungszeiten** Lechweg nach der Schneeschmelze bis in den Spätherbst, Naturparkhaus siehe www.naturpark-tiroler-lech.at | **Tipp** Wanderung von der Klimmbrücke nach Martinau und über den Mühlboden retour nach Elmen. Von Mitte Mai bis Mitte Juni blüht in Martinau ein ganzes Feld des seltenen purpur-gelben Frauenschuhs.

13 Das Passionsspielhaus
Großes Drama im Schneckenhaus

Seit 400 Jahren finden in Erl Passionsspiele statt. Anlässlich des
Jubiläums 2013 gab der Passionsspielverein einen neuen Text und
neue Musik in Auftrag, er engagierte einen neuen Regisseur und
ließ das Bühnenbild neu entwerfen. Die Mitwirkenden aber blieben die gleichen, die Erler Bevölkerung, und natürlich das Passionsspielhaus, ihr ganzer Stolz. Das Konzept ging auf, 60.000 Besucher
verzeichneten die Passionsspiele Erl 2013. Ein wunderbarer Erfolg
für die 600 Mitwirkenden, die ein Jahr lang den Großteil ihrer Frei-
zeit für Vorbereitungen, für Proben und Aufführungen opfern, und
das unentgeltlich.

Die Erler zeigten sich schon öfter mutig, wenn es darum ging,
der Passion ein zeitgemäßes Antlitz zu geben – trotz des unverrück-
baren religiösen Inhalts. Der Beweis dafür ist einbetoniert. Das Passionsspielhaus, geplant vom Innsbrucker Architekten Robert Schul-
lern, errichteten sie in den Jahren 1957 bis 1959. Ein Bau, der so
modern wirkt, dass man sich lebhaft vorstellen kann, wie viele damals darauf reagierten. Natürlich gab es auch in Erl Skeptiker, aber
die Entscheidung wurde von der Gemeinschaft getragen, so wie
die Passion.

Schneckenhausförmig windet sich das Passionsspielhaus aus dem
dahinterliegenden Hang. Die dynamische Fassade wird durchbro-
chen von Fensterchen und das Ganze getragen von rauen Betonpfei-
lern. Deren Kühle findet sich im Innenraum wieder, wo Beton und
Holz dominieren. Das Gebäude bietet Platz für 1.500 Besucher und
eine hervorragende Akustik. Die imponierte dem Dirigenten Gustav
Kuhn, der 1998 hier die Festspiele Erl gründete. Mittlerweile hat er
seine eigene Konzerthalle neben dem Passionsspielhaus. Ein dunk-
ler, kantiger, futuristisch anmutender Findling, geplant von den Architekten Roman Delugan und Elke Delugan-Meissl, die 2015 den
Staatspreis für Architektur erhielten. Das Passionsspielhaus in seiner
zeitlos zeitgemäßen Art kann daneben locker bestehen.

Adresse Mühlgraben 56, 6343 Erl | **ÖPNV** Bus 4036, Haltestelle Mühlgraben, kurzer Fußweg | **Anfahrt** A 12 / A 93, Ausfahrt Oberaudorf, Richtung Erl / Kössen, im Kreisverkehr auf Erler Landesstraße, bis Erl, Mühlgraben | **Öffnungszeiten** Führungen für Vereine und Gruppen nach Vereinbarung, Kontakt Claudia Dresch unter info@passionsspiele.at | **Tipp** Das Wirtshaus »Blaue Quelle« bietet Schmankerln wie gebackenen Kalbskopf, Blutwurstgröstl oder Moosbeerschmarren. Der Fisch kommt aus dem eigenen »Quellwasserbecken«.

14_ Der Heilbrunnen

Das Fieberleiden der edlen Margarete

Aus der Quelle, die in Fieberbrunn unterhalb der Pfarrkirche gefasst ist, sprudelt heilsames Wasser. Die ersten Zeugnisse für ein Badhaus gehen ins 15. Jahrhundert zurück. Ende des 19. Jahrhunderts verfügte dieses über mehrere Kabinen mit Wannenbädern, in denen sich Menschen bei Gicht, Blutarmut oder Fieber kurierten. Margarete Gräfin von Tirol (1318–1369) soll hier von einem hartnäckigen Fieberleiden geheilt worden sein.

Tirol hat es Margarete zu verdanken, dass es zu Österreich gehört. Denn die Landesfürstin, in zweiter Ehe mit Ludwig von Brandenburg verheiratet, überlebte ihren Mann und ihren Sohn, den Thronfolger. Sie entschied, ihr Herrschaftsgebiet den habsburgischen Neffen Rudolf, Leopold und Albrecht zu überlassen. Damit wurde das »Land im Gebirg« dem Habsburger Reich einverleibt. Anerkennung erhielt die Regentin dafür allerdings keine, im Gegenteil: Schon kurz nach ihrem Tod tauchten die ersten verleumderischen Darstellungen ihrer Person auf.

Die Gräfin wurde als ehebrecherische, lüsterne Kriemhild diffamiert, die einen unsittlichen Lebenswandel führte, ihren ersten Mann hinterhältig abservier und damit Tod und Verderben über Tirol gebracht hatte. Die Herabwürdigungen gipfelten schließlich darin, dass Margarete als grässlich entstellte Fratze dargestellt wurde. Das negative Bild sollte sich festsetzen, der Beiname »Maultasch« sich im Volksmund einbürgern.

Gut möglich, dass das jahrelange Fieber, unter dem Margarete litt und das sie in Fieberbrunn behandeln ließ, Teil der Schmutzkübelkampagne gegen die Landesfürstin war. Stichhaltige Zeugnisse dafür gibt es nicht. Einige Jahrhunderte später soll noch eine bedeutende Landesfürstin, nämlich Erzherzogin Claudia de Medici, in Fieberbrunn genesen sein. Geblieben ist Fieberbrunn, das einst Pramau hieß, sein sprechender Name und der Heilbrunnen, aus dem man noch immer trinken kann.

Adresse unterhalb der Pfarrkirche, 6391 Fieberbrunn | **ÖPNV** Bus 8302, 8301, Haltestelle
Fieberbrunn Zentrum | **Anfahrt** A 12, Ausfahrt Wörgl Ost, auf B 178 Richtung Lofer /
St. Johann, in St. Johann Abfahrt auf B 164 Richtung Saalfelden / Fieberbrunn, in
Fieberbrunn rechts Richtung Kirche | **Tipp** Der idyllisch gelegene Lauchsee ist ein
beliebter Naturbadesee. Das leicht bräunliche Moorwasser soll positiv bei rheumatischen
Erkrankungen wirken, bei Verspannungen und Bandscheibenproblemen.

15__Die Olpererhütte

Die mit dem Blick für das einfach Besondere

Sie ist die schönste Schutzhütte des Deutschen Alpenvereins in zeitgemäßem Stil – bis dato. Die Olpererhütte wurde 1881 von der damaligen Sektion Prag errichtet und ist somit die zweitälteste Schutzhütte nach der Berliner Hütte in den Zillertaler Alpen. Im Laufe der Zeit erfuhr sie mehrere Um- und Zubauten sowie Besitzerwechsel. Seit 2004 gehört die Olpererhütte der DAV-Sektion Neumarkt in der Oberpfalz. Aufgrund behördlicher Auflagen, einer desolaten Bausubstanz und der nicht unproblematischen Lage beschloss die Sektion, die Hütte neu zu bauen.

Mit den Planungen betraute sie den Vorarlberger Architekten Hermann Kaufmann, der die Besonderheit des Ortes sofort erkannte und ein schlichtes, der Umgebung angepasstes Gebäude skizzierte. Die Baustelle auf 2.400 Meter Höhe verlangte Planern und Arbeitern einiges ab, sämtliche Materialien kamen per Hubschrauber. Entstanden ist ein länglicher Holzbau mit leichtem Satteldach, der zur Talseite hin auskragt und auf einer Natursteinmauer fußt. An das Gebäude schließt eine großzügige Terrasse an.

Der großteils aus Brettsperrholz errichtete Bau erhielt eine Schindelverkleidung, der Gastraum ist in warmem Holz ausgeführt. Der Ofen hier liefert die Wärme für das gesamte Gebäude. Der Blick auf den Schlegeisspeicher ist nicht nur von der Terrasse aus atemberaubend, auch in der Stube eröffnet ein riesiges Panoramafenster den Blick ins Tal und in die Ferne. Getoppt wird diese Aussicht nur noch auf jener Brücke, die unweit der Olpererhütte steht. Die Stahl-Holzkonstruktion wackelt ordentlich, wenn sich mehrere Menschen darauf bewegen. Unbeeindruckt davon rauscht darunter der Gebirgsbach durch. Auf der Brücke entsteht der Eindruck, man stünde direkt über dem türkis schimmernden Stausee: Dieser scheint ganz nah und gleichzeitig ganz fern. Eine gigantische Kulisse – die sich fotografisch spektakulär in Szene setzen lässt.

Adresse 6295 Finkenberg / Ginzling | **ÖPNV** Bus 4102, Haltestelle Schlegeis Stausee |
Anfahrt A 12, Ausfahrt Zillertal, B 169 Richtung Mayrhofen, weiter nach Ginzling, von
dort über die mautpflichtige Schlegeis-Alpenstraße zum Schlegeisspeicher (Wanderung
circa 1,5 Stunden) | **Öffnungszeiten** Anfang Juni bis Anfang Okt., genaue Angabe unter
www.olpererhuette.de | **Tipp** Der Schlegeisspeicher wird vom Verbund betrieben. Von
Juni bis Okt. gibt es Führungen ins Innere der Staumauer. Es handelt sich dabei um eine
doppelt gekrümmte Bogengewichtsmauer.

16__Der Crystal Cube

Ringe tauschen auf 2.600 Meter

Wenn die Sonne scheint, und die scheint oft in Fiss, dann funkelt er wie ein riesiger Kristall, und so heißt er auch. Der Crystal Cube liegt in unmittelbarer Nähe des Zwölferkopfs, einen Luftsprung von der Aussichtsplattform Z1 entfernt, auf 2.600 Meter Höhe. Ein schräg in die Landschaft gepflanzter Würfel aus Glas und Stahl, bei dessen Anblick man überlegt, ob man sich wirklich ins Innere wagen soll. Unter dem auskragenden Kubus liegt eine Metallrolle, was den Eindruck erweckt, das Ding könnte talwärts rattern. Tut es natürlich nicht, alles fest verankert. Mit Betreten des Würfels gleich der nächste Showeffekt: von außen nicht einsehbar, dafür von innen ein exklusiver 360-Grad-Panoramablick. Exklusiv ist diese Aussicht übrigens auch im stillen Örtchen.

Der Crystal Cube bietet Platz für acht Personen und ist gemacht für die speziellen Momente: ein feines Frühstück zu zweit, ein besonderes Mittagessen oder zum Abschluss des Skitages Kaffee und Kuchen. Geburtstagsfeiern, Abschiedsessen, Firmenevents, Meetings, Verlobungen – alles hätte es schon gegeben, sagt Hubert Pale von den Fisser Bergbahnen. An Hochzeiten war zunächst nicht gedacht. Dann kamen Anfragen, und schwuppdiwupp verwandelte sich der exklusive Würfel in ein Standesamt. Der Crystal Cube ist das höchstgelegene Standesamt Österreichs.

So einfach war es natürlich nicht. Der Standesbeamte musste sich bereit erklären, Trauungen auch in luftigen Höhen durchzuführen. Obwohl der Kristallwürfel nur einen kleinen Rahmen zulässt, ist die Nachfrage groß. Im Schnitt geben sich hier alle zwei Wochen Paare das Jawort, im Sommer wie im Winter. Ob die Ehen alle gehalten haben? – Das entziehe sich seiner Kenntnis, schmunzelt Hubert Pale.

Blitzartig kommt einem der Gedanke, dass sich der Crystal Cube ebenso für ein versöhnliches Scheidungsmahl anbietet. Rechtzeitig reservieren müsste man halt.

Adresse Bergstation Schönjochbahn, 6534 Fiss | **ÖPNV** Bus 4236, Haltestelle Gemeinde-
amt Fiss | **Anfahrt** A 12 Abfahrt Meran / Reschenpass, B 180 Richtung Reschen, Ausfahrt
Prutz, Richtung Serfaus / Fiss / Ladis, in Fiss rechts in die Seilbahnstraße abzweigen und
der Beschilderung »Bergbahnen« folgen, großer Parkplatz | **Öffnungszeiten** Für den
Crystal Cube ist eine Reservierung erforderlich; das Bahnticket ist nicht inkludiert, Info
unter www.serfaus-fiss-ladis.at, Kontakt unter office@bergbahnen-fiss.at | **Tipp** Die Fisser
Bergbahnen bieten eine »Pistenbully Tour« an. Maximal zwei Personen (plus ein Kind)
können im Neuntonner Platz nehmen und dabei sein, wenn die Pisten präpariert werden.

17 Das Risschlössl

Ein Pfarrer, sein Schloss und der bezaubernde Garten

Als Pfarrer Sigmund Ris (1431–1532) 1479 als Pfarrherr nach Flaurling zog, schenkte ihm Landesregent Sigmund der Münzreiche das Jagdschloss, das er sich dort errichtet hatte. Einige Jahre später erhielt Ris sein eigenes Wappen: ein Riese mit Lendenschurz, der einen Baum spaltet – heute das Wappen von Flaurling. Der Pfarrer baute das Jagdschlösschen zum Widum um, erweiterte es um einen Turm für seine Bibliothek sowie eine Kapelle. Zu guter Letzt kam ein weiteres Wohngebäude dazu, Risenegg. Das mehr als imposante Ensemble wurde bald nur noch »Pfarrherrnburg« genannt.

1504 gründete Ris die Risstiftung, in die er unter anderem seine umfangreiche Bibliothek einbrachte (Teile davon befinden sich heute in der Universitätsbibliothek Innsbruck). Zudem legte er fest, dass ein Kaplan in Risenegg wohnen und die Kapelle betreuen sollte. »Als er sich 1532 aufs Totenbett legte, war er 101 Jahre alt, wohl der älteste Pfarrherr, den das Brixner Bistum je gekannt hat«, hielt der Historiker Erich Egg fest. Begraben ist Ris in der Pfarrkirche von Flaurling. Den Grabstein hatte er sich schon zu Lebzeiten machen lassen.

Das Risschlössl ist heute das wohl augenfälligste Kleinod in Flaurling. Der 1745 barockisierte Garten wurde vor einigen Jahren unter Beteiligung des Denkmalamtes restauriert. Hier finden im Sommer Konzerte und Theateraufführungen statt. Das Widum allerdings steht leer, und die wunderbare Kapelle, die in der zweiten Hälfte des 18. Jahrhunderts im Nazarener Stil umgebaut wurde, ist nur selten zugänglich. Auf dem dreiteiligen Flügelaltar dort ist der Stifter abgebildet – unschwer auszumachen am Ris'schen Wappen. Ein Augenschmaus ist das gotische Netzgratgewölbe im Parterre des Ansitzes Risenegg. Dort ist die öffentliche Bücherei untergebracht. Der von einer Steinmauer umfasste Frühmessgarten am Eingang zum Risschlössl harrt der Revitalisierung.

Adresse Risweg 8, 6403 Flaurling | **ÖPNV** Bahn, Haltestelle Flaurling; Bus Telfs 2, Haltestelle Gemeindeamt | **Anfahrt** A 12, Ausfahrt Zirl, Richtung Inzing / Hatting, weiter Richtung Flaurling, bei Gasthof Goldener Adler links nach Mitteldorf abzweigen, weiter auf dem Risweg bis Ende | **Öffnungszeiten** Barockgarten tagsüber zugänglich; die Orts-chronistin Andrea Raggl-Weissenbach bietet Dorfspaziergänge an, eine der Stationen ist das Risschlössl, Kontakt unter info@chronik-flaurling.at | **Tipp** Vom Risschlössl führt ein stimmungsvoller Besinnungsweg auf den Kalvarienberg von Flaurling. Ausgestattet sind die Stationen mit Mosaiken des Imster Künstlers Herbert Wachter.

18 Das rätische Haus

Zum Resteschauen in die Tiefgarage

Alles war vorbildlich über die Bühne gegangen. Unterstützt vom Land Tirol und der Abteilung Dorferneuerung hatte die Gemeinde Fließ die Neugestaltung des Dorfkerns in Angriff genommen. Das Büro des Innsbrucker Architekten Rainer Köberl plante in enger Kooperation mit den politisch Verantwortlichen und den Einwohnern ein multifunktionales Dorfzentrum. Darin sollten die Verwaltungsräumlichkeiten der Gemeinde, Wohnungen und ein Lebensmittelgeschäft Platz finden.

Der dicht bebaute Dorfkern und die starke Hanglage forderten kreative Zugänge, um eine großzügig wirkende Lösung zu finden. Das Kunststück gelang. Und dann das: Bei den Bauarbeiten auf dem vom Bundesdenkmalamt als »Funderwartungszone« ausgewiesenen sogenannten »Stuemer-Areal« stießen die Arbeiter auf höchst wertvolle Zeugnisse – zur Überraschung auch der Archäologen. Spuren von mindestens zwei rechteckigen Holzgebäuden aus der Hallstattzeit, daneben ein Steinhaus aus der jüngeren Steinzeit, eine »casa retica«.

Eine starke Brandschicht im Innern verwies darauf, dass das Gebäude einmal abgebrannt und dann größer wieder errichtet worden sein muss. Die spektakulärste Entdeckung aber war: In der Anlage befand sich eine Grabstätte. Die Archäologen stießen auf die Überreste eines rund 40 bis 50 Jahre alten Mannes in Hockerstellung, also mit stark angewinkelten Beinen und Armen. Untersuchungen ergaben, sie stammten aus der Zeit um 380 – 200 vor Christus. Und es war davon auszugehen, dass der Mann innerhalb des Gebäudes bestattet wurde. Eine Sensation, wurden zu jener Zeit in der Regel doch noch Brandbestattungen durchgeführt.

Der aufsehenerregende Fund bewog die Gemeinde als Bauherrn und das Architektenteam um Rainer Köberl, Umplanungen vorzunehmen und die freigelegten Reste für die Öffentlichkeit erlebbar zu machen. Die Anlage ist integriert in die Tiefgarage des neuen Dorfzentrums und so für jedermann zugänglich.

Adresse Dorf 120, 6521 Fließ | **ÖPNV** Bus 4230, Haltestelle Fließ Ort | **Anfahrt** A 12, Ausfahrt Meran / Reschenpass, auf B 180 bis Abfahrt Fließ, Dorfstraße folgen bis Zentrum | **Öffnungszeiten** Die Tiefgarage ist öffentlich zugänglich. | **Tipp** Das Archäologische Museum Fließ beherbergt unter anderem prähistorische und bronzezeitliche Schätze.

19___Die Schutzmauern

Wehren gegen Naturgewalten

Die Natur verlangt dem Menschen im hochalpinen Raum einiges ab. Und sie lehrt ihn, dass er sich gegen ihre Kräfte zwar rüsten, aber nicht immer schützen kann. In Galtür, idyllisch im hinteren Paznaun-tal gelegen und einzige Walsergemeinde Tirols, finden sich schon sehr früh Nachweise von Schutzbauten. Einige sind über die Jahr-hunderte erhalten geblieben, andere aufgrund moderner Erkenntnis-se neu errichtet worden. Eine der ältesten Schutzmauern steht im Ortsteil Maas. Das Zimalis-Haus, ein schönes altes Walserhaus (das einzige in Galtür), wird von einer wuchtigen Steinmauer flankiert.

Doch die bereits vorhandenen Wehrdämme schützten den Ort im Februar 1999 nicht, als eine riesige Lawine ins Tal donnerte. Es war die folgenreichste, die es in der Geschichte von Galtür je gegeben hatte: 31 Menschen kamen ums Leben. Tags darauf starben noch einmal sieben im benachbarten Valzur. Der Ort, das ganze Land stand unter Schock. Keiner hatte das ahnen können. Die Schnee-massen brachen am Sonnberg los, einem Steilhang, von dem bis da-hin keine Gefahr ausgegangen war.

9,5 Millionen Euro flossen danach in die Verbauung des Gries-kogels. 3.200 Laufmeter Stahlschneebrücken und 84 Laufmeter Triebschneezaun finden sich nun dort. Eine automatische Wetter-station liefert der Lawinenkommission ständig aktuelle Daten. Zwei neue Lawinenschutzmauern wurden errichtet: der 102 Meter lan-ge Schutzdamm »Egge« und der 360 Meter lange Schutzdamm »Winkl«. Letzterer ist zwischen sechs und acht Meter hoch, und im westlichen Teil seiner Mauer befindet sich – neben einer Tiefgarage, der Feuerwehrhalle sowie Garagen für Bergrettung und Rettung – das Alpinarium.

Es ist ein Zentrum zur Dokumentation des Kultur- und Lebens-raumes hochalpiner Regionen, verfügt über Multifunktionsräume und einen Ausstellungsbereich. Es gibt dem Ort Sicherheit, ist mäch-tiges Zeichen – und Erinnerung an das tragische Ereignis 1999.

Adresse Hauptstraße 29c, 6563 Galtür | **ÖPNV** Bus 4240, Haltestelle Ballunspitze | **Anfahrt** A 12 / S 16, Ausfahrt Pians / Paznaun / Ischgl, B 188 Richtung Paznaun / Ischgl bis nach Galtür, rechts neben Hauptstraße | **Öffnungszeiten** Alpinarium Ende Mai bis Ende Okt., Di – So 10 – 18 Uhr, Info unter www.alpinarium.at, Kontakt unter info@alpinarium.at, das Zimalis-Haus ist nur von außen zu besichtigen | **Tipp** Die Jamtalhütte ist Teil des »Kulinarischen Jakobsweges« und bietet Sterneküche im Hochgebirge. Der wohl berühmteste Gast der Jamtalhütte bis dato war der Physiker Albert Einstein.

20 Die Silvretta-Hochalpenstraße

Der höchste Berg Vorarlbergs ist ein Galtürer

Über Jahrhunderte war das Almgebiet Vermunt ganz hinten im Paznauntal an der Grenze zur Schweiz Zankapfel zwischen Galtür und der Engadiner Gemeinde Ardez. 1900 kaufte Galtür das gesamte Vermunt. Kaum waren die Verhältnisse geklärt, meldeten sich die Vorarlberger Illwerke. Justament auf Vermunter Boden wollten sie Anlagen zur Energiegewinnung errichten, inklusive Stausee versteht sich. 1929 einigten sich Gemeinde und Energieversorger bezüglich der bisherigen und geplanten Grundankäufe – insgesamt rund 239 Hektar.

Im Zweiten Weltkrieg mussten die Galtürer dem als volkswirtschaftlich wichtig eingestuften Unternehmen weitere Flächen abtreten, dazu kamen Bachüberleitungen, etwa aus dem Jamtal. Nach Kriegsende forderte die Gemeinde Galtür Entschädigungen für die unter der NS-Diktatur geschaffenen Tatsachen. Der »Talvertrag« von 1949 legte die Entschädigungsleistungen an die Paznauner Gemeinden fest. Er gilt bis heute als wichtigstes Vertragswerk zwischen den Parteien. Seit Beginn des Kraftwerkbaus bestand ein Zufahrtsweg vom Montafon zur Bielerhöhe, Anfang der 1950er Jahre verlängerten die Illwerke diesen nach Galtür. Damit war die Silvretta-Hochalpenstraße geschaffen; der Übergang am Zeinisjoch verlor an Bedeutung. Seit 1961 ist die Silvretta-Hochalpenstraße zweispurig.

Über Jahrzehnte hatten die Galtürer die Aktivitäten der Illwerke auf ihrem Gebiet mit Argwohn beobachtet, nun begannen sie davon zu profitieren, denn die hochalpine Straße zog Touristen an. Heute besteht bestes Einvernehmen: Die Bielerhöhe samt Stausee ist eine Attraktion, die Wasserversorgung der Region nicht beeinträchtigt, die Stromversorgung optimal. Nur manchmal können sich die Galtürer ein süffisantes Schmunzeln nicht verkneifen, beim Hinweis nämlich, dass Galtür der größte Grundbesitzer im »Ländle« ist – und der Biz Buin, der höchste Berg Vorarlbergs, in Galtürer Hand.

Adresse Mautstelle Galtür, 6563 Galtür / Wirl | **ÖPNV** Bus 4240, Haltestelle Mautstelle |
Anfahrt A 12 / S 16, Ausfahrt Pians / Paznaun / Ischgl, B 188 Richtung Paznaun / Ischgl,
weiter nach Galtür und zum Weiler Wirl, auf die Silvretta-Hochalpenstraße (Mautstraße) |
Öffnungszeiten Wintersperre, Sommeröffnung witterungsbedingt (meist ab Mitte Juni),
Info unter www.silvretta-bielerhoehe.at, Kontakt unter tourismus@illwerke.at | **Tipp**
Unterhalb des Zeinisjochs befindet sich das »Rearkappeli« (reara = weinen). Bis hierher
begleiteten die Galtürer Mütter ihre Kinder, die sich als sogenannte Schwabenkinder im
süddeutschen Raum verdingten.

21__Gramais

Das Kleine mit den Schulden

Keine politische Wahl, bei der Gramais im Lechtal nicht genannt würde. Der Grund: Gramais ist die kleinste Gemeinde Österreichs, traditionell steht hier als Erstes das Ergebnis fest. Besiedelt wurde der in einem Seitental des Lechtals gelegene Ort vom Inntal aus. Über das Hahntennjoch und den als »Sattele« bezeichneten Bergrücken kamen die Menschen hierher und wurden sesshaft. Bis 1938 gehörte Gramais zum Bezirk Imst, heute zum Bezirk Reutte. Noch 1911 hatte der Weg von Häselgehr herauf gerade einmal Karrenbreite. Mittlerweile gibt es eine Lawinenverbauung, die keinen im Unklaren lässt, wie gefährlich dieser Abschnitt einst war. Noch immer gibt es Wintertage, an denen Gramais von der Außenwelt abgeschnitten ist.

1880 hatte der Weiler 120 Einwohner, heute sind es noch 50. Doch die Gemeinschaft funktioniert. Der Gemeinderat hat neun Mitglieder, die Bergwacht 13, und die Freiwillige Feuerwehr steht auch bereit. Das Heimatmuseum mit rund 1.400 Exponaten wird ehrenamtlich betreut. Das Gasthaus ist gesellschaftliches Zentrum des Ortes und hat rund 180 Fremdenbetten. Insgesamt verzeichnet der Ort zwischen 10.000 und 11.000 Nächtigungen im Jahr. Die Schule wurde Mitte der 1980er Jahre stillgelegt, 2008 endgültig geschlossen. Seither geht der Nachwuchs in Häselgehr zur Schule, die Hauptschule besucht er in Elbigenalp.

Gramais ist ein schönes Fleckchen mit herrlichen Wanderwegen und ohne Durchzugsverkehr. Wer es beschaulich mag, ruhig und abgeschieden, ist hier genau richtig. Und mit kleinen Sensationen kann der Ort auch aufwarten. 1859 wurde in Gramais der letzte Bär im Außerfern geschossen, der erste Steinadler des Alpenzoos soll aus Gramais stammen. Im Höfemuseum Kramsach steht ein Gramaiser Bürgerhaus. Dass Gramais die am höchsten verschuldete Gemeinde Österreichs ist, davon ist immer wieder die Rede. Das regt hier niemanden auf: bei der Einwohnerzahl doch kein Wunder.

Adresse 6650 Gramais | **ÖPNV** Bus 4268, Haltestelle Gramais Ort | **Anfahrt** A 12, Ausfahrt Mötz / Reutte / Fernpass, Richtung Mieming, im Kreisverkehr auf B 189 Richtung Obsteig / Fernpass, bei Nassereith auf B 179 Richtung Reutte, Abfahrt Reutte Süd, auf B 198 Richtung Lechtal / Elbigenalp, in Häselgehr links abzweigen und ins Hochtal Richtung Gramais | **Tipp** Das Bergbauernmuseum »s' Huamhaus« in Gramais ist ein liebevoll gepflegtes kleines Museum, in dem altes bäuerliches Handwerksgerät, Möbel, Fotos und Bilder gesammelt und ausgestellt sind.

22__Die Tribulaunhütte

Die aufregendste Schuhschachtel Tirols

Wie bei den meisten Schutzhütten im alpinen Raum begann alles mühsam. 1919 errichteten die »Naturfreunde«, das aus der Arbeiterbewegung gewachsene Pendant zum bürgerlich geprägten Alpenverein, die erste Tribulaunhütte – auf gepachtetem Grund am Fuße der imposanten Felsflanke rund um die Gschnitzer Tribulaune in den Stubaier Alpen. Das Material trugen die Alpinisten auf Kraxen hinauf. Wie anstrengend das gewesen sein muss, kann heute noch jeder Wanderer erahnen, der nach dem schweißtreibenden Start links des Sandeswasserfalls dem gemütlichen Weg ins Sandestal folgt, um dann 18 anspruchsvolle Serpentinen in Angriff zu nehmen, bevor er das Ziel erreicht.

Die Region war extrem lawinengefährdet, wie die Naturfreunde erfahren mussten. 1935 und 1975 zerstörte eine Lawine die Tribulaunhütte. Die Betreiber gaben nicht auf: 1979 errichteten sie die dritte Tribulaunhütte, kleiner als ihre Vorgängerinnen und in einer für die damalige Zeit ungewöhnlichen Form sowie Konstruktion. Der Holzbau wird nämlich durch eine robuste Stahlkonstruktion zusammengehalten. Das Flachdach schließt direkt an die Geländekante an, sodass Schneebretter oder Lawinen über die Hütte drüberbrausen können. Bisher hat das eigenwillige Gebäude alle prekären Situationen bestanden – nur den Kamin haben die Schneemassen einmal geköpft.

2014 führten die Naturfreunde eine Generalsanierung der Tribulaunhütte durch. Sie modernisierten die Küche den heutigen Anforderungen entsprechend, adaptierten den Terrassenbereich, installierten eine Gasheizung und isolierten die Fassade. An die Stelle der mürben Bretter im Außenbereich traten Schindeln. Den Gastraum beließen sie in seinem reizvollen 1970er-Jahre-Stil.

Den Charme der Tribulaunhütte macht (neben der wunderbaren Lage) immer noch die spezielle Form aus. Vielen gilt die »Schuhschachtel« auf 2.064 Metern als Musterbeispiel intelligenten Bauens im hochalpinen Raum.

Adresse 6150 Gschnitz / Feuerstein | **ÖPNV** Bus 4146, Haltestelle Feuerstein (Talschluss) | **Anfahrt** A 13, Ausfahrt Matrei / Brenner, auf B 182 Richtung Steinach / Brenner, am Dorfeingang von Steinach rechts Richtung Gschnitztal abbiegen, weiter Richtung Gasthaus Feuerstein, Talschluss (Wanderung circa 2,5 Stunden) | **Öffnungszeiten** Anfang Juni bis Anfang Okt., Info unter www.tribulaunhuette.at, Kontakt unter info@tribulaunhuette.at | **Tipp** Am Fuß des Sandeswasserfalls befindet sich das Mühlendorf Gschnitz. Hier wird Handwerk wie vor 100 Jahren erlebbar – vom manuellen Schafscheren bis zum Brotbacken.

23__Die Bahnaufleger

Ein Geheimprojekt und seine Reste

Unter dem Decknamen »Zitteraal« (in manchen Quellen »Baustelle Inn«) entwickelte das NS-Regime eines seiner größten Geheimprojekte. Durchgeführt werden sollte es am Eingang des Ötztales, bei Ötztal-Bahnhof. Hier plante das Reichsluftfahrtministerium, eine riesige Windkraftanlage zu errichten, mit dem Ziel, die Aerodynamik von Flugzeugen und Raketen zu erforschen. Um den Hochgeschwindigkeitskanal anzutreiben, wollten die Nazis gigantische Schächte bauen, mit Wasser befüllen und dann auslaufen lassen, sodass eine Sogwirkung entsteht. Die nötigen Wassermassen sollten ein Speichersee am Eingang des Nedertals liefern sowie die im hinteren Ötztal aufgestaute Ache.

Die eigens dafür gegründete Forschungsanstalt begann 1940 mit dem Bau. 1945 sollte die Anlage in Betrieb gehen. Zwangsarbeiter und Kriegsgefangene schufteten hier unter unmenschlichen Bedingungen. So sollen Arbeiter, die sich im Stollen aufhielten, nicht gewarnt worden sein, wenn gesprengt wurde. Materialmangel sowie der weitere Verlauf des Krieges verhinderten die Umsetzung des Gesamtprojekts.

Nach dem Zweiten Weltkrieg montierte die französische Besatzung die nicht fertiggestellte Anlage ab und brachte sie nach Frankreich. Das Unternehmen »Zitteraal« geriet in Vergessenheit. Vor einigen Jahren begannen sich Historiker und Ortskundige für diese Geschichte zu interessieren. Tatsächlich finden sich noch einige Überbleibsel des Geheimprojektes am Eingang des Ötztales: Betonbauteile, Reste einer Materialseilbahn, Stollen. Leicht zugänglich und gut sichtbar sind die beiden Aufleger an der Bundesstraße kurz nach Ötztal-Bahnhof in Richtung Haiming. Auf der darüberlaufenden Bahntrasse lieferten die Nazis die Teile für den Windkanal und Baumaterialien an. Der Verein »Dokumentation Amberg-Stollen« in Sautens hat es sich zur Aufgabe gemacht, diesen Teil einer dunklen Zeit aufzuarbeiten und die Zeugnisse zu erhalten.

Adresse B 171 bei Ötztal-Bahnhof Richtung Haiming, 6430 Haiming / Ötztal-Bahnhof |
ÖPNV Bahn, Haltestelle Ötztal-Bahnhof; Bus 4191, 4196, Haltestelle Ötztal-Bahnhof
(Vorplatz), Fußmarsch circa 30 Minuten | **Anfahrt** A 12, Ausfahrt Haiming / Ötztal,
Kreisverkehr Richtung Ötztal-Bahnhof, auf der B 171 Richtung Haiming bleiben, die
beiden Bahnaufleger sind nicht zu übersehen | **Öffnungszeiten** öffentlich zugänglich, Adi
Meierkord bietet Wanderungen zu den Relikten des Unternehmens »Zitteraal« an, Kontakt
unter info@oetz-air.at | **Tipp** Die Pfarrkirche »Hl. Josef der Arbeiter« in Ötztal-Bahnhof
ist ein schönes Beispiel für den Baustil der 1960er Jahre mit weithin sichtbarem, spitzem
Kirchturm und den Glasfenstern der Künstlerin Inge Höck an der Südseite.

24___Das Freiluftinhalatorium

Salzige Geschichte zum Einatmen

Wer in früheren Jahrhunderten Zugang zum »weißen Gold« hatte, wurde reich und mächtig. Hall hatte ihn. Es gibt eine Reihe von Sagen, wann und wie das Vorkommen im Halltal oberhalb der Stadt entdeckt wurde. Eine der populärsten: Hirsche und Gämsen haben salzhaltige Steine abgeleckt und damit einen Jäger auf den Schatz aufmerksam gemacht. Nachgewiesen ist, dass bereits 1232 Salz abgebaut wurde. Damals schenkte Graf Albert III. von Tirol dem Hospital am Ritten bei Bozen jährlich zwölf Fuder Salz »de salina mea, quam habeo in Intal iuxta Tavr castrum meum«, von meiner Saline im Inntal, in der Nähe meines Schlosses in Thaur.

Stand das Pfannhaus (Sudhaus) zunächst in der Nähe der Quellen, wurde es bald an den Inn verlegt, wo das benötigte Holz leicht angeflößt werden konnte. Die Salinenstadt wuchs zu einem der bedeutendsten Salzproduzenten Europas: Haller Salz fand Abnehmer in der Gegend um Mailand und München sowie in der heutigen Schweiz. Zudem war der Ort zentraler Umschlagplatz. Hier endete die Innschifffahrt, was Hall zum Knotenpunkt der Nord-Süd-Achse und bedeutender als Innsbruck machte. Ihre Bedeutung verlor die Salinenstadt sukzessive, endgültig aber, als die Eisenbahn die Innschifffahrt ersetzte. Die Versuche, Hall als Kurort zu etablieren, waren mäßig erfolgreich.

Als die Salzproduktion 1967 eingestellt wurde, war das Vorkommen nicht erschöpft. Noch immer wäre so viel Salz vorhanden, um für mehrere Jahrzehnte ganz Europa mit dem »weißen Gold« zu versorgen – heißt es. Aber der Abbau ist unrentabel geworden. Salz ist heute nicht mehr kostbares Gut, sondern industrielle Massenware. Im Freiluftinhalatorium neben dem Kurhaus kann der Besucher die salzige Geschichte der Stadt atmen: Soletropfen fallen über Schwarzdornreisig und reichern die Luft mit Salzpartikeln an. Wer hier eine Stunde pro Tag sitzt, stärkt seine Bronchien und beugt Lungenkrankheiten vor.

Adresse Kurpark Hall, Nähe Stadtgraben 17, 6060 Hall | **ÖPNV** Bus 4130, 4134, Halte-stelle Kurhaus Hall | **Anfahrt** A 12, Ausfahrt Hall Mitte, B 171a Richtung Hall / Absam, Kreuzung geradeaus, im Kreisverkehr Richtung Absam, nächster Kreisverkehr Richtung Stadtgraben / Kurhaus | **Tipp** Das 1989 gegründete Kulturlabor Stromboli ist ein sehr lebendiger Veranstaltungsort und Treffpunkt für Kulturinteressierte – samt gemütlichem Szenelokal.

25 Der Magdalenensaal

Mit Kachelofen hinter der Tapetentür

Der prunkvolle Saal befindet sich in einem prunkvollen Gebäude und das wiederum in einem prunkvollen Barockgarten im Stiftsgarten Hall. Beim Gebäude handelt es sich um das ehemalige Sommerhaus des Königlichen Damenstiftes in Hall. Gründerin des Stiftes war Erzherzogin Magdalena, eine Schwester Erzherzog Ferdinands II. Nachdem das Stift unter Kaiser Joseph II. säkularisiert worden war, ersteigerte Joseph Matthias von Wenger 1788 den gesamten Stiftsgarten.

Das 1715 bis 1717 errichtete Sommerhaus beherbergt den Magdalenensaal, der mit Fresken von Kaspar Waldmann geschmückt ist. Ihre Farbenpracht ist überwältigend, macht einen sprachlos angesichts der Tatsache, dass sie noch nie restauriert wurden. Neben einer an der Nordseite eingelassenen Kapellennische mit zwei verglasten Flügeltüren versteckt sich an der West- und Ostseite je ein Kachelofen hinter einer Tapetentür. In den beiden Seitentrakten gibt es kleine, mit schönen Deckengemälden versehene Räume. Von den Zimmern im ersten Stock lässt sich der Saal überblicken.

1838 heiratete von Wengers Enkelin Juliana den Haller Kaufmann und späteren Bürgermeister Joseph Christoph Faistenberger. Den damals über drei Hektar großen Stiftsgarten mit dem Sommerhaus brachte sie als Mitgift in die Ehe. Das barocke Ensemble, auch als Faistenbergerschlössl oder Faistenberger-Sommerhaus bekannt, befindet sich seither im Besitz der Familie Faistenberger. Der Jurist und Historiker Andreas Faistenberger pflegt das Erbe. Im Garten hat er ein barockes Heckentheater nach alten Vorbildern angelegt. Einige Male im Jahr sind die Räume für Besucher zugänglich, eine Gelegenheit, die man sich nicht entgehen lassen sollte: die gesamte Anlage ist atemberaubend.

Unter dem Anwesen befindet sich der ehemalige Luftschutzstollen der Stadt Hall. Bis zu 4.000 Menschen fanden hier bei den Bombenangriffen im Zweiten Weltkrieg Unterschlupf.

Adresse Stiftsgarten, Milserstraße 2a, 6060 Hall | **ÖPNV** Bus 4130, Haltestelle Kurhaus |
Anfahrt A 12, Ausfahrt Hall Mitte, B 171a Richtung Hall/Absam, Kreuzung geradeaus, im
Kreisverkehr Richtung Absam, nächster Kreisverkehr Richtung Stadtgraben, Ecke Milser-
straße, Stiftsgarten | **Öffnungszeiten** nicht öffentlich zugänglich, der TVB Hall Wattens
bietet in Abstimmung mit dem Besitzer einige Male pro Jahr Führungen an, Kontakt
unter office@hall-wattens.at | **Tipp** Die Bäckerei »Liebe Sonne« in der Agramgasse ist
ein kleines, einladendes Geschäft mit angeschlossener Backstube. Hier gibt es herrlich
würziges Biobrot und Kuchenspezialitäten.

26_Die Stubengesellschaft

Der älteste Verein Tirols residiert in Hall

Ritter Florian Waldauf von Waldenstein war ein wichtiger Mann. Der Bauernbub brachte es zum Vertrauten von Kaiser Maximilian I. Er förderte die Veröffentlichung von religiösen Schriften und stiftete die Waldauf-Kapelle in der Pfarrkirche St. Nikolaus in Hall samt Reliquiensammlung. 1508 gründete der Ritter die »Stubengesellschaft«. Ursprünglich als Trinkstube gedacht, in der sich Haller Adelige, Bürger und Beamte zum Austausch trafen, entwickelte sich die Stubengesellschaft bald zu einem Forum, in dem einflussreiche Personen über weltanschauliche Schriften, wirtschaftliche und politische Entwicklungen diskutierten.

Fast alle Persönlichkeiten, die in der Geschichte Halls eine Rolle spielten, waren Mitglieder dieses erlesenen Zirkels. In der NS-Zeit vorübergehend »ruhend« gestellt, verlor der Verein seinen Stammsitz, das Stubenhaus am Oberen Stadtplatz. Dort mietete sich 1945 die SPÖ ein, sodass die Stubengesellschaft bei der Wiedergründung 1947 ohne eigenes Lokal dastand.

Es dauerte mehrere Jahrzehnte, bis die Haller Stadtführung dem Verein einen Arbeitsraum zur Verfügung stellte. Trotzdem hatte er regen Zulauf, und er öffnete sich schließlich auch für Frauen. Von 1994 bis 2000 war die Rechtsanwältin Maria Ritter Rittershain Stubenmeisterin. Im Jahr 2000 übersiedelte die Stubengesellschaft in den frisch renovierten Gasthof »Goldener Engl«. Neun Jahre später beging der älteste Verein Tirols, wenn nicht Österreichs, sein 500-Jahr-Jubiläum.

Rund 300 Mitglieder zählt die Stubengesellschaft heute. Als Erwachsenenbildungseinrichtung veranstaltet sie regelmäßig Vorträge und Studienfahrten. Stubenmeister ist seit vielen Jahren Herbert Löderle. Neben seiner einmaligen Geschichte besitzt der Verein einige Kostbarkeiten: Das große und das kleine Wappenbuch sowie ein großer Reichsadlerhumpen aus der Haller Glashütte befinden sich als Leihgabe im Haller Stadtmuseum.

Adresse Oberer Stadtplatz 5, 6060 Hall | **ÖPNV** Bus 4125, 4130, 4134, 4169, Haltestelle Unterer Stadtplatz | **Anfahrt** A 12, Ausfahrt Hall Mitte, B 171a Richtung Hall, an der Kreuzung rechts auf B 171, linker Hand befindet sich der Untere Stadtplatz | **Öffnungszeiten** keine regulären, Kontakt unter stubenmeister@stubengesellschaft.at | **Tipp** Der Münzerturm ist Teil der Burganlage Hasegg und Wahrzeichen Halls. Hier wird die Geschichte der Stadt als Geburtsstätte des Talers lebendig.

27 Die Lüftlmalerei

Aufgemalte Noblesse in bäuerlichem Ambiente

Als »Perle des Lechtals« wird die Gemeinde Holzgau gern bezeichnet. Eine historische Perle zudem: 2015 feierte sie ihr 700-jähriges Bestehen. Bekannt ist Holzgau wegen seiner Fassadenmalerei, der Lüftlmalerei. Und in der Tat, die aufwendigen Fassadengestaltungen aus der Barockzeit sind ein Augenschmaus. Sie geben den eigentlich bäuerlichen Häusern Noblesse und spiegeln Wohlstand.

Über Jahrhunderte bestand für viele Lechtaler die einzige Möglichkeit, zu überleben, darin, ihren Lebensunterhalt anderswo zu verdienen. Grund und Boden gaben zu wenig her für die kinderreichen Familien, die Realteilung erledigte den Rest. Sie gingen ins Ausland und arbeiteten als Zimmerleute oder Stuckateure, als Baumeister oder Händler und kamen zu Reichtum. Die Rückkehrer zeigten ihn, indem sie die Fassaden ihrer Häuser farbenprächtig gestalteten. Die Lüftlmalerei erlebte ihren Höhepunkt vom Ende des 18. Jahrhunderts bis Mitte des 19. Jahrhunderts. Besonders beliebt waren Bibelszenen, Säulen und Balustraden an Fenstern und Türen sowie Ziermuster.

Besonders markant sind das Dengeles-Haus und das Geama-Haus direkt an der Hauptstraße in Holzgau. Den Freskenschmuck am Dengeles-Haus schuf Josef Degenhart aus Telfs. Die Grundfarbe ist rosa, an den Ecken und am Eingangstor sind markante Säulen aufgemalt, über der Eingangstür und unter dem Giebel finden sich religiöse Motive, dazu Heiligenporträts in Medaillons über den Fenstern. Die Fresken am Geama-Haus stammen von Josef Anton Köpfle aus Höfen. Hier prägen klassizistische Ornamente das Gesamtbild, vorgetäuschte Säulen und Figurinen. Im Weitergehen sticht auf der anderen Straßenseite das leer stehende Paulina-Haus ins Auge. Vis-à-vis, etwas versteckt in zweiter Reihe, steht das Heimatmuseum, ein ehemaliges Bauernhaus mit Fresken aus dem Jahr 1786. Und das sind nur einige Schmuckstücke, die es zu entdecken gibt.

Adresse Holzgau Zentrum, 6654 Holzgau | **ÖPNV** Bus 4268, Haltestelle Holzgau Dorf | **Anfahrt** A 12, Ausfahrt Mötz / Reutte / Fernpass, Richtung Mieming, im Kreisverkehr auf B 189 Richtung Obsteig / Fernpass, bei Nassereith weiter auf B 179 Richtung Reutte, Ausfahrt Reutte Süd, auf B 198 Richtung Lechtal bis Holzgau Zentrum | **Öffnungszeiten** Häuser nur von außen zu besichtigen; Öffnungszeiten des Heimatmuseums unter www.lechtal.at, Kontakt unter holzgau@lechtal.at | **Tipp** Das »Lusthäusle« ist ein kleiner Holzpavillon mit herrlichem Blick ins Tal. Es befindet sich rund eine halbe Stunde Gehzeit auf dem Weg nach Schiggen, einem Plateau oberhalb von Holzgau.

28__Die drei Feuerteufel
Und dann brannte die Kirche

Fährt man die Straße bei Hopfgarten Richtung Wildschönau hoch, ist einem sofort klar, warum die Hopfgartner Kirche als Dom des Brixentals bezeichnet wird. Die Doppelturmfassade erhebt sich kühn aus dem Häuserverbund. Ein imposanter Bau. Und nichts erinnert daran, dass dieses Monument am 14. Juni 1932 in Flammen stand.

Seit dem Frühjahr 1929 terrorisierten Unbekannte die Gemeinde. Den Anfang hatte ein brennender Heustadel gemacht, es folgten weitere Brände, Überfälle und Raubmorde. Als Erster fiel den Kriminellen der »Kruckenhauser« zum Opfer. Sie schlugen den Mann nieder und schnitten ihm die Kehle durch. Keiner konnte sich vorstellen, dass die Täter aus den eigenen Reihen stammten. Die Hopfgartner gingen davon aus, dass es sich um »fremdes Gesindel« handeln müsse, das hier sein Unwesen trieb. Und doch waren es nicht Auswärtige, die brandschatzten und mordeten.

Der Kopf der Bande war Alois Lechner. Er wuchs als Pflegekind auf, ein schneidiger Bursche, allerdings cholerisch und raufwütig. Er war gut integriert in die Gemeinschaft und Mitglied der Feuerwehr. Franz Bachler wuchs ebenfalls als Ziehkind auf, im Gegensatz zu Lechner war er ein Duckmäuser; dazu Anton Clementi, der an Epilepsie litt und als Außenseiter galt. Dieses Trio war es, das für die Morde und Raubüberfälle verantwortlich zeichnete.

Als schließlich die Kirche von Hopfgarten brannte, waren die Einwohner mit den Nerven am Ende. Sieben Feuerwehren versuchten, der Flammen Herr zu werden. Als die Täter 1933 endlich geschnappt wurden, atmete der ganze Ort, die ganze Region auf. Für Verstörung sorgte, dass sie keinerlei Reue zeigten. »Wenn wir alles, was wir im Sinn gehabt haben, ausgeführt hätten, wäre in Hopfgarten niemand mehr am Leben«, bekannte Lechner im Prozess freimütig. Insgesamt drei Morde, zwei Raubmordversuche und 25 Brandstiftungen gingen auf das Konto der drei Feuerteufel.

Adresse Marktplatz, 6361 Hopfgarten | **ÖPNV** Bahn, Haltestelle Hopfgarten; Bus 4051, Haltestelle Bahnhof | **Anfahrt** A 12, Ausfahrt St. Johann/Wörgl Ost, B 178 Richtung Lofer/St. Johann, im Kreisverkehr auf Ausfahrt B 170 Richtung Hopfgarten, Hopfgarten Zentrum | **Tipp** Das Café »AromA« unterhalb der Hopfgartner Pfarrkirche ist Rösterei und Weinstube. Hier gibt es selbst gemachte Kuchenspezialitäten, hervorragenden Kaffee, den man frisch gemahlen auch mitnehmen kann, und andere Feinheiten.

29 Die Kirchenruine

Mittendrin und kein Geld mehr

Hörbrunn, unter den Einheimischen besser bekannt als Glashütte, ist ein kleiner Weiler links des Baches auf dem Weg in die Kelchsau. Die Glashütte, auf einem kleinen Hügel gelegen, ist ein herrschaftlicher Bau, der gar nicht in die Umgebung passen will. Das hat mit seiner Geschichte zu tun. Bereits Anfang des 18. Jahrhunderts wurde am Glantersberg Kies abgebaut. 1797 errichtete die ursprünglich aus Böhmen stammende Familie Friedrich hier eine Glashütte und produzierte Luster, verschiedene Glasobjekte sowie Fensterzierscheiben. Das Geschäft florierte, 1825 lebten in Hörbrunn über 100 Leute.

Rund um die Glashütte errichteten die Betreiber Wohnhäuser, dazu kamen unter anderem eine Bäckerei, eine eigene Schule, ein Sägewerk und ein Gasthaus. Und weil es zu einem richtigen Dorf dazugehört, plante die Familie Friedrich auch eine stattliche Kirche. Dem Pfarrer von Hopfgarten schmeckte das gar nicht, und er machte beim Erzstift Salzburg mehrere Einwendungen gegen den Antrag der Familie. Vergebens. 1853 legten die Friedrichs den Grundstein für die Kirche, und zwar wenige Gehminuten vom Herrenhaus entfernt auf einer kleinen Anhöhe. Das Glück blieb der Familie nicht hold, die Erträge aus dem Kiesabbau gingen zurück, ebenso die Produktion. Die Bauarbeiten an der Kirche gerieten ins Stocken und wurden schließlich eingestellt. 1886 schloss die Glashütte ihre Pforten.

Der Rohbau verfiel, bis nur noch die Mauern übrig blieben. Schließlich kaufte die Gemeinde Hopfgarten die Ruine. Zwischen 2009 und 2014 behutsam renoviert, strahlt die Kirchenruine in neuem Glanz und beeindruckt Einheimische wie Fremde. Ein Detail ist besonders interessant: Die Kirche sollte eine ausklappbare Kanzel erhalten, das entsprechende Scharnier ist noch zu sehen. Ansonsten erinnert nur die Glashütte an die große Geschichte Hörbrunns, das »Dorf« ist längst zum Weiler geschrumpft.

Adresse Nähe Glashütte, Hörbrunn 2, 6361 Hopfgarten/Hörbrunn | **ÖPNV** Bus 4057, Haltestelle Kelchsau/Hörbrunn | **Anfahrt** A 12, Ausfahrt St. Johann/Wörgl Ost, B 178 Richtung Lofer/St. Johann, im Kreisverkehr Ausfahrt B 170 Richtung Hopfgarten, nach Hopfgarten rechts in die Kelchsau, parken bei Freizeitanlage Salvenaland und zu Fuß zur Glashütte | **Tipp** Beim Salvenaland beginnt ein Rundwanderweg über die Glashütte zur Kirchenruine. Von dort geht es zur Ruine Engelsberg und über das Elsbethen-Kirchlein wieder zurück zum Salvenaland.

30 Das Hahntennjoch

Spektakulär, gefährlich und winters zu

Sie ist eine der aufregendsten Panoramastraßen des Alpenraums und eine von trauriger Berühmtheit. Kaum ein Wochenende vergeht, an dem kein schwerer bis tödlicher Verkehrsunfall auf dem Weg über das Hahntennjoch passiert. Wer die Bergstraße, die das obere Inntal mit dem Lechtal verbindet, auch nur einmal gefahren ist, versteht, warum sie so beliebt ist, versteht auch, warum sie dermaßen gefährlich ist. 30 Kilometer ist sie lang und mit Steigungen bis maximal 18,9 Prozent eine anspruchsvolle Panoramastraße mit engen Kurven und schmalen Abschnitten.

Wobei sie sich auf der Imster Seite, im Salvesental, gefälliger zeigt als im Außerfern, während es landschaftlich umgekehrt ist. Schroffen Felswänden und Steilhängen stehen anmutige Berge und idyllische hochalpine Dörfer gegenüber. Für die Oberländer bedeutet die Hahntennjochstraße nicht nur rasche Verbindung in den Außerfern, sie steht auch für die enge Bindung zwischen dem Imster Becken und den Orten des Bschlaber Tales. Besiedelt vom Inntal aus, kamen Gramais und Pfafflar erst 1938 zum Bezirk Reutte. Initiiert hat die Panoramastraße der Imster Bürgermeister Josef Koch. Er trieb die Pläne in den 1960er Jahren voran – trotz vieler, nicht nur geologischer Hindernisse. 1969 fand die Eröffnung statt.

Eine Straße wie die über das Hahntennjoch würde unserer Tage wohl nicht mehr gebaut werden. Aufgrund extremer Lawinen- und Murengefahr ist sie nicht nur im Winter gesperrt, sondern auch bei anhaltendem Schlechtwetter. Zu leicht kommen die Schotterhänge in Bewegung; Steinschlaggefahr besteht immer. Fahrzeuge mit einem Gewicht über 14 Tonnen und Wohnanhänger haben Fahrverbot. Seit 2004 registrieren zwei meteorologische Messstellen die Wetterverhältnisse. Die funkgesteuerten Verkehrsampeln schalten bei gewissen Werten automatisch auf Rot. Und bei einem schweren Unfall bleibt das Hahntennjoch nicht selten mehrere Stunden gesperrt.

Adresse Hahntennjoch, 6460 Imst | **ÖPNV** Bus 4266 (fährt von Imst über das Hahn-tennjoch nach Elmen) | **Anfahrt** A 12, Ausfahrt Imst, Kreisverkehr Richtung Imst, auf B 171 bleiben bis zum Kreisverkehr mit Ausfahrt B 189 Richtung Mieming, links auf Thomas-Walch-Straße, rechts Lehngasse, rechts Rastbühel auf Hahntennjochstraße | **Öffnungszeiten** nur in der schneefreien Zeit (circa Juni–Sept.), Info unter www.imst.at, Kontakt unter info@imst.at | **Tipp** Vom Hahntennjoch führt ein Wanderweg zur Anhalter Hütte. Sie ist Station des Österreichischen Weitwanderweges 01, auch Nordalpenweg genannt, der 1975 als erster Ost-West-Weitwanderweg Österreichs eröffnet wurde.

31 Die Rosengartenschlucht
Von der Kirche ab in die Schlucht

Es war der Schinderbach, der sich seinen Weg von Hochimst hinunter nach Imst schliff und damit die Rosengartenschlucht formte. Sie beginnt mitten in Imst gleich neben der Johanneskirche. Die erste Überraschung erwartet den Wandernden wenige Minuten später: Häuser wie Schwalbennester in den porösen Felsen gebaut, Fenster in der Wand, von Rauchschwaden schwarz gefärbtes Gestein. Noch einmal ein paar Minuten später ist der Wandernde mittendrin im Naturschauspiel.

Steil windet sich der Weg hinauf. Holzstege, Steinstiegen. Immer weiter, immer höher. Während der Bach mal plätschernd, mal gurgelnd, mal tobend einfach seinem Weg folgt. Die Steige sind gut gesichert, Trittsicherheit ist trotzdem von Vorteil, Schwindelfreiheit sowieso. Bei Regen ist es glitschig. Dafür dauert die Wanderung nicht lang. 1,5 Kilometer und rund 200 Höhenmeter sind zu bewältigen. Hier offenbaren sich Jahrmillionen Erdgeschichte im Schnelldurchlauf.

Am Ende sollte niemand den kurzen Abstieg zur »Blauen Grotte« scheuen. Denn diese zu durchmessen gibt eine, wenn auch kleine Ahnung, wie es war, als hier noch Bergbau betrieben wurde. Die Blaue Grotte ist nicht durch Auswaschung entstanden, sondern im Zuge des Erzabbaus. Während im westlichen Teil der Höhle der Abbau mit Feuer stattfand, kamen im Osten Schlegel und Eisen zum Einsatz. Die sogenannte Feuersetzmethode ist die ältere: Ein direkt am Felsen entzündetes Feuer erhitzte den Stein und machte ihn »mürbe«. Nach einer gewissen Zeit klopften ihn die Bergarbeiter einfach ab. So entstanden die rechteckigen Vortriebsprofile, die noch gut zu erkennen sind – so wie die Schrämmspuren im Ostteil. Eine eigentümliche Atmosphäre herrscht in der Blauen Grotte: Der kühle, raue Stein erzählt von Vergangenem, während es rundum plätschert und tröpfelt. Den Namen verdankt die Grotte übrigens einem blau schimmernden Mini-Teich, der sich im Nordosten befindet.

Adresse Johannesplatz, Richtung Hochimst, 6460 Imst | **ÖPNV** Bahn, Haltestelle Imst/Pitztal, weiter mit Bus 4, Haltestelle Gasthof Sonne; Bus 4206, 4266, 4204, Haltestelle Gasthof Sonne | **Anfahrt** A 12, Ausfahrt Imst, im Kreisverkehr auf B 171 Richtung Imst, Kreisverkehr Richtung Langgasse, Kreisverkehr auf Ingenieur-Baller-Straße, Kreisverkehr auf Dr.-Karl-Pfeiffenberger-Straße, Kramergasse, Johannesplatz | **Öffnungszeiten** Anfang Mai bis in den Spätherbst (vor Wintereinbruch), Info unter www.imst.at, Kontakt unter info@imst.at | **Tipp** Die Landwirtschaftliche Lehranstalt Imst betreibt in der Meranerstraße einen Hofladen. Hier gibt es Erzeugnisse aus den Lehrbetrieben sowie ausgewählte Produkte von Bauern aus der Umgebung.

32__Der Vogelmensch
Geteert und gefedert

1984 ließ eine zeitgenössische Skulptur die Wogen in Imst hoch-
gehen. Die Oberländer Gemeinde, die wegen ihrer zahlreichen
historischen Brunnen das Etikett »Stadt der Brunnen« trägt, sollte einen weiteren, einen modernen Brunnen erhalten. Die Hypo
Tirol Bank hatte den Künstler Lois Weinberger beauftragt, ihn zu
gestalten, und den Brunnen am Platz vor der Zweigstelle errichtet. Der Unterleib stellte einen Vogel ohne Flügel dar mit schweren Beinen, der Oberkörper bestand aus wuchtigen, ausgestreckten
Armen und einem Maskengesicht, das Erstaunen ausdrückte. Die
meisten Imster fanden den abstrakten »Vogelmenschen« einfach
nur »schiach«.

Dabei zeigte Weinbergers Brunnenskulptur Ähnlichkeiten mit einem bedeutenden Fund. 1902 war auf der Parzinnalm bei Imst eine
Bronzefigur entdeckt worden: ein abstraktes Figürchen mit erhobe-
nen Armen und knielangem Kleid. In Saum und Gürtel war ein Rau-
tenmuster eingraviert und auf der Brust fünf kreuzförmig angeordne-
te Kreise – eines der wertvollsten figuralen Zeugnisse der Eisenzeit
in Tirol. Den Imstern war das egal. Sie sahen den Platz verschandelt.

Als ein junger Imster es wagte, Weinbergers Skulptur mit den
Larven der Imster Fasnacht zu vergleichen, die ja auch »schiach«
seien, musste er befürchten, geteert und gefedert durch den Ort ge-
trieben zu werden. Dieses Schicksal ereilte schließlich den »Vogelmensch«. Zu allem Überfluss schlug man ihm auch noch zwei Finger ab. Die Bank räumte ihn vom Platz und deponierte ihn in ihren
Räumlichkeiten. Als der Unmut der Imster längst verflogen war,
stellte sie die Figur wieder dort auf, wo sie zu Beginn der Affäre ge-
standen hatte. Allerdings führte und führt der »Vogelmensch« kein
Wasser mehr. Was schade ist. Denn mittlerweile hätte er ein paar
zeitgenössische Kollegen – etwa den Engelbrunnen am Brennbichl
von Werner Abraham oder den Sonnenbrunnen von Gebhard Schatz
über dem Malchbach.

Adresse Eduard-Wallnöfer-Platz, 6460 Imst | **ÖPNV** Bahn, Imst/Pitztal, weiter mit Bus 6, Haltestelle Terminal Post; Bus 8352, 4204, 4194, 4206, Haltestelle Terminal Post | **Anfahrt** A 12, Ausfahrt Imst, im Kreisverkehr auf B 171 Richtung Imst, zwei Kreisverkehre Richtung Imst Zentrum, dann Kreisverkehr auf Meranerstraße, rechts abbiegen zum Wallnöferplatz | **Tipp** Das Museum im Ballhaus gibt Einblicke in die reiche Geschichte der Region. Das Gebäude selbst war einst Lager für Warenballen, weswegen es Ballhaus heißt.

33 Die Bacchusgrotte

Den Humpen angesetzt und runter damit

Bei Schloss Ambras ist Schwärmen Pflicht. Die riesige Schlossanlage inmitten eines wildromantischen Parks samt beeindruckender Porträtgalerie, Rüstkammer und Wunderkammer katapultiert einen zurück in vergangene Zeiten. Beinahe geht bei all der Herrlichkeit die Bacchusgrotte unter. Die in den Felsen gehauene Höhle liegt südlich des Hochschlosses und des vorgelagerten Renaissancesaals. Dabei war sie einst Zentrum des Ambraser »Willkomm«, ein Trinkritual, das Erzherzog Ferdinand II. seinen Gästen auferlegte.

Jeder, ob Mann oder Frau, musste einen Humpen Wein in einem Zug leeren. Bestand er die Trinkprobe, war er sofort Mitglied der »Bruderschaft des Weingottes Bacchus« und verewigte sich mit einem Sinnspruch im Ambraser Trinkbuch. Wer es nicht schaffte, dem drohte Ungemach. Setzte der Gast vorzeitig ab, wurde das Glas aufs Neue befüllt, und weiter ging der Spaß, wobei Ferdinand II. seinen weiblichen Gästen gegenüber kulanter war. Fasste das Glas der Männer mehr als einen halben Liter unverdünnten Wein, hatten Frauen nur ein Viertel zu schaffen. Nicht wenige vermerkten im Trinkbuch, den Humpen mehrmals angesetzt zu haben. Ein gepflegter Rausch gehörte offensichtlich zum guten Ton – zumindest bei Ferdinand II.

Überliefert ist der Ambraser »Willkomm«, weil ein gewisser Stephanus Vinandus Pighius das Ritual in seinem Reisebericht 1574 beschrieb. Das Ritual begann im, heute nicht mehr vorhandenen, Felsenkeller, von dem aus die Gäste über einige Stufen in die Grotte hinabstiegen. Der fast quadratische Raum wird in der Mitte von einem Pfeiler aus geschichteten Quadern gestützt. Von diesem streben sogenannte Gurtbögen aus. Der Felsenkeller war zu Ferdinands Zeiten mit einem Ballspielhaus verbunden, dieses wiederum mit dem heute noch existierenden Spanischen Saal. Einst Mittelpunkt feuchtfröhlicher Gelage, präsentiert sich die Bacchusgrotte heute als feuchtkühle Höhle.

Adresse Schlossstraße 20, 6020 Innsbruck/Amras | **ÖPNV** Bus TS, 4134, Haltestelle Schloss Ambras; Tram 6, Haltestelle Tummelplatz (kurzer Fußmarsch) | **Anfahrt** A 12, Ausfahrt Innsbruck Mitte, im Kreisverkehr Richtung Aldrans/Ambras, linker Hand Schloss Ambras | **Öffnungszeiten** Schlosspark, täglich ab 6 Uhr, Schließzeiten je nach Jahreszeit, Info unter www.bmlfuw.gv.at; Schloss Ambras Dez.–Okt.; Info unter www.schlossambras-innsbruck.at, Kontakt unter info@schlossambras-innsbruck.at | **Tipp** Das Musikhaus Rudolf Tutz im Stadtteil Pradl ist spezialisiert auf die Herstellung historischer Holzblasinstrumente (Flöte und Klarinette). Jedes Instrument ist handgearbeitet und ein Unikat.

34__Die Bibliothek

Menschen, die in Büchern blättern

Die Bibliothek des Tiroler Landesmuseums Ferdinandeum ist ein Ort für Wissbegierige, für Entdecker und Entdeckerinnen, und selbst unter ihnen ein Geheimtipp. Das Besondere an dieser Bibliothek: Sie ist keine Museums-, sondern eine landeskundliche Bibliothek. Seit der Gründung des Ferdinandeums 1823 werden hier alle Publikationen gesammelt, die im Zusammenhang mit dem historischen Tirol stehen – also dem heutigen Bundesland Tirol, der Provinz Bozen-Südtirol und dem Trentino.

Die Gründer und Mitglieder des Ferdinandeums, aber auch Privatpersonen und Institutionen brachten und bringen mit Schenkungen zusätzlich Objekte ein. Äußerst wertvoll ist die Privatbibliothek von Andreas di Pauli – gekauft und dem Museum gestiftet von Ferdinand I., der das Protektorat für das Museum übernommen hatte. Die »Dipauliana« steht in einem eigenen Raum, ist aus konservatorischen Gründen aber nicht allgemein zugänglich.

Im Archiv der Bibliothek finden sich neben Zeitungen und Zeitschriften Drucke, Fotografien, Plakate, Ankündigungen und natürlich jede Menge Bücher. An die 300.000 Bände und noch einmal gleich viele Bilddokumente verzeichnet sie. Alle zum Anfassen, alle zum Anschauen – keines zum Mitnehmen. Die Bibliothek ist eine Präsenzbibliothek. Bis 2003 sind sämtliche Neuzugänge im »Zettelkatalog« erfasst, danach digital. Rund 45.500 Einträge kommen jährlich dazu. Gleich geblieben ist die Art der Archivierung. Alle Objekte sind in drei Spezialkatalogen erfasst – nach Sachgebieten, Orten und Personen.

Bis vor einigen Jahren war die Nutzung nur Mitgliedern des Museumsvereins gestattet, mittlerweile steht sie allen Interessierten offen. Seither sitzen im einladenden Lesesaal mehr Menschen, die den Zettel- und den Onlinekatalog befragen, die in Büchern blättern und Zeitschriften durchforsten, sich Notizen machen, auf dem Papier, am Laptop, konzentriert, ruhig.

Adresse Museumstraße 15, 6020 Innsbruck | **ÖPNV** Bus A, C, M, O, J, C; Tram 1; STB, Haltestelle Landesmuseum | **Anfahrt** A 12, Ausfahrt Innsbruck West, Ost, Mitte, Richtung Stadtzentrum / Altstadt, A 13 Abfahrt Innsbruck Süd, Richtung Stadtzentrum / Altstadt, dort diverse kostenpflichtige Parkmöglichkeiten (Tiefgaragen) | **Öffnungszeiten** Di – Fr 10 – 17 Uhr, an Feiertagen geschlossen, Gruppenführungen auf Anfrage, Kontakt Kustos Roland Sila unter bibliothek@tiroler-landesmuseen.at | **Tipp** Das Töpferstudio Kathrein mit seinen formschönen Töpferwaren ist nur einige forsche Gehminuten in Richtung Osten entfernt.

35__Der Endlich Store

Kreatives von Kreativen für alle

Gut Ding braucht Weile, dachten sich Amina Daschil und Sina Neumaier. Weil der Schneiderin und der Architekturstudentin kein origineller Name einfiel, hieß ihr Geschäftslokal in der Innsbrucker Jahnstraße lange »Wirbraucheneinennamen«. Mittlerweile ist er gefunden. »Endlich Store« heißt die Kombination aus Werkstatt, Wohnzimmer und Verkaufslokal. Daschil und Neumaier wollten einen Ort schaffen, an dem Leute zusammenkommen, an dem Veranstaltungen stattfinden, an dem kreativ gearbeitet wird und wo die Ergebnisse kreativen Arbeitens präsentiert und verkauft werden. In der Jahnstraße fanden sie das perfekte Objekt mit angeschlossener Werkstätte samt Küchenblock.

Die Eröffnung der multifunktionalen Räumlichkeiten stieg am Nikolaustag 2014. Erster Eyecatcher ist die Theke aus gestapelten Büchern vis-à-vis des Eingangs. Hinter dem Vorhang links verbirgt sich die Werkstatt, rechts führt eine kleine Treppe in einen weiteren Raum mit Umkleidekabine. Eine Sitzecke lädt zum Fläzen, Zeitungen zum Blättern ein. Auf den Fensterbänken, auf Tischen, Stühlen, an Stangen und in alten Kommoden sind Kunsthandwerksprodukte drapiert: Strampler und Spucktücher, Teelichter aus alten Dosen, Schmuck, Designermode von heimischen Schneiderinnen, Strickwaren, Hüte, Motivkarten, Schnapsgläser, Tischdecken, Marmeladen und Kräuter. Das Angebot wechselt in regelmäßigen Abständen, der Shop wird gern auch komplett umgeräumt.

Mit ihrer Idee haben Sina Neumaier und Amina Daschil einen Nerv getroffen. Die Liste der Interessenten ist lang. Dabei achten die zwei auf eine möglichst breite Produktpalette. Selbst gemacht, regional und nachhaltig steht an oberster Stelle – »upcycling« sowieso. Die Zusammenarbeit mit anderen Kulturveranstaltern ist den beiden Gründerinnen wichtig. Das »Kabinettl« der Künstlerin Ina Hsu in Kufstein verfolgt eine ähnliche Idee, und der Endlich Store hat eine Zwillingsschwester.

Adresse Jahnstraße 20 (Eingang Grillparzerstraße), 6020 Innsbruck | **ÖPNV** Bus O, Haltestelle Dreiheiligenstraße | **Anfahrt** A 12, Ausfahrt Innsbruck Mitte, auf Ressel-straße, abzweigen auf Anton-Eder-Straße, links auf Amraserstraße (Richtung Sillpark), schräg rechts auf König-Laurin-Straße, links in die Grillparzerstraße | **Öffnungszeiten** Di – Fr 11 – 19 Uhr, Sa 11 – 17 Uhr, Info unter www.endlich-store.at, Kontakt unter info@endlich-store.at | **Tipp** Das Zeughaus in der Zeughausgasse war einst das Waffen-arsenal von Kaiser Maximilian I., heute beherbergt es das Museum zur Kulturgeschichte Tirols und ist eine Außenstelle der Tiroler Landesmuseen.

36___Fatti d'Innsbruck

Es ging um's Recht und mehr

Bis Ende des Ersten Weltkriegs umfasste Tirol die Landesteile Nord-, Ost- und Südtirol sowie das italienischsprachige Trentino. Jahrzehnte hatten die Italiener eine Rechtsfakultät in ihrer Muttersprache gefordert. Die Regierung in Wien beschloss, provisorisch eine Fakultät in Innsbruck zu errichten. Anlässlich der Einweihung der neuen Fakultät am 3. November 1904 kam es zu Auseinandersetzungen zwischen deutschnationalen Kreisen und italienischsprachigen Tirolern. Sie gipfelten am nächsten Tag in der Verwüstung des Fakultätsgebäudes in der Liebeneggstraße und blutigen Straßenkämpfen, bei denen regelrecht Jagd auf Italiener gemacht wurde. Die Hatz forderte Hunderte Verletzte und einen Toten – den Künstler August Pezzey, Angehöriger der ladinischen Sprachgruppe.

130 Personen kamen infolge der »Fatti d'Innsbruck«, Fakten von Innsbruck, ins Gefängnis. Unter ihnen befand sich Cesare Battisti, später sozialistischer Abgeordneter in Innsbruck und Wien und im Ersten Weltkrieg als Landesverräter hingerichtet. Der ebenfalls festgenommene Alcide de Gasperi unterzeichnete als italienischer Ministerpräsident nach dem Zweiten Weltkrieg das Gruber-de Gasperi-Abkommen, das die Autonomie Südtirols in Italien festlegte.

Wenige Tage nach den »Fatti d'Innsbruck« fand die Beerdigung Pezzeys statt. Er erhielt ein Ehrengrab, der Innsbrucker Bürgermeister sprach die Grabrede. Rund 30.000 Menschen begleiteten den Trauerzug. Während sich die »Fatti d'Innsbruck« ins kollektive Bewusstsein der Trentiner eingruben, gerieten sie im deutschsprachigen Teil Tirols in Vergessenheit. 2004 trafen sich italienische und österreichische Historiker zu einer Tagung im Tiroler Landesmuseum, um über die damaligen Ereignisse zu diskutieren. Seit Herbst 2012 gibt es ein Doktoratsstudium Italienisches Recht (Dottorato di ricerca in materie giuridiche) an der Universität Innsbruck.

Adresse Innrain 52/Christoph-Probst-Platz, 6020 Innsbruck | **ÖPNV** Bus O, F, R, LK; Tram 3, Haltestelle Universität/Klinik | **Anfahrt** A 12, Ausfahrt Innsbruck West, auf Egger-Lienz-Straße, links auf B 174/Holzhammerstraße, rechts auf Innrain | **Tipp** Das Forschungsinstitut Brenner-Archiv der Universität Innsbruck ist ein auf Tirol, Südtirol und Österreich fokussiertes Literaturarchiv. Das dort angesiedelte Literaturhaus am Inn organisiert Lesungen und Diskussionen.

37__Der Flüsterbogen

Sag mir doch, ich liebe dich

Er hütet die intimsten Bekenntnisse – der Flüsterbogen in der Innsbrucker Altstadt. Tagsüber, wenn sich Touristenmassen durch die Hofgasse wälzen, ist er verborgen hinter Unmengen von Tand made in China – oder wo immer die Souvenirs gerade billig hergestellt werden –, vom Mini-Dirndl zum Tiroler Hut, von der Kuckucksuhr in Plastik zum klunkerigen Glitzerkram. Die Vorbeiströmenden, ja selbst die Vorbeiflanierenden sehen sie nicht, die schlichte Eleganz dieses Kreuzbogens, der den linken Eingang zum Souvenirladen in der Hofgasse Nummer 12 säumt.

Wenn das Geschäft geschlossen ist und es dunkel wird, verwandelt sich der Bogen zur Attraktion. Unter Innsbruckern ist er nämlich als Flüsterbogen bekannt. Spricht jemand auf der einen Seite in die Kehlungen, hört das Gesagte nur der, der auf der anderen Seite sein Ohr an den Stein hält – Höttinger Brekzie übrigens, die lange in Steinbrüchen oberhalb Innsbrucks abgebaut wurde.

Vorbeigehende mögen ihre Lauscher noch so spitzen, der Bogen gibt das, was ihm anvertraut wird, nur an den weiter, für den es bestimmt ist. Wie viele Liebeserklärungen hier schon gemacht wurden, bleibt sein Geheimnis. Was Verliebten meist ebenso entgeht wie Touristen, ist die Tafel über dem Bogen, die darauf hinweist, dass Erzherzog Sigmund dieses Haus 1490 dem Riesen Niclas Haidl zur Verfügung stellte, was erklärt, warum das Gebäude »Burgriesenhaus« heißt. In der Nische rechts davon stand lange eine fast 2,70 Meter große Statue Haidls, sie ist heute im nicht weit entfernten Historischen Rathaus untergebracht. Zum einst größten Mann am Innsbrucker Hof gesellt sich übrigens der kleinste. Auf der Hausmauer links der Nummer 12 ist der Zwerg Thomele abgebildet, der im 16. Jahrhundert auf Schloss Ambras bei Innsbruck die Leute unterhielt. Er soll 65 Zentimeter klein gewesen sein. Welche Wünsche er wohl hatte? – Der Flüsterbogen könnte es uns sagen.

Adresse Hofgasse 12, 6020 Innsbruck-Altstadt | **ÖPNV** Bus A, C, J, M, O, TS; Tram 1; STB, Haltestelle Maria-Theresien-Straße | **Anfahrt** A 12, Ausfahrt Innsbruck Ost, Mitte, West, A 13, Ausfahrt Innsbruck Süd, Richtung Innsbruck-Zentrum, dort diverse kosten-pflichtige Parkmöglichkeiten (Tiefgaragen) | **Tipp** Das 2,20 Meter große Skelett Haidls befindet sich im Anatomischen Museum der Medizin-Uni Innsbruck. Dort sind neben anderen Kuriositäten und Raritäten verzierte Totenschädel aus dem Paznauntal zu sehen.

38 __ Das Hafelekar

Der Nobelpreisträger und der Gipfel

Einmal in seinem Leben muss jeder Tiroler, jede Tirolerin am Hafelekar stehen. Ausrede gibt es keine: Das Hafelekar ist bequem zu erreichen. Mit der Hungerburgbahn von der Innsbrucker Innenstadt auf die Hungerburg, umsteigen in die Nordkettenbahn und auf die Seegrube, noch einmal umsteigen und man ist auf dem Hafelekar – in schlanken 30 Minuten 1.700 Höhenmeter, ohne Schweiß. Weniger schlank wäre auch leicht zu verkraften; könnte man doch ein paar Minuten mehr auskosten, wie die Stadt kleiner und kleiner wird, wie hinter einer Bergkette die nächste auftaucht und die nächste und wie der Himmel immer größer und größer wird – und einem ganz nahe kommt.

Oben dann die Bergstation, nach der Station auf der Hungerburg und der auf der Seegrube samt Hotel ein weiteres architektonisch prägnantes Werk. Errichtet wurden die Gebäude nach Plänen des Innsbrucker Architekten Franz Baumann, die gesamte Anlage 1928 eröffnet, das internationale Interesse war groß. Die Stationen stehen längst unter Denkmalschutz, sind wunderbar renoviert, die Bahn wurde 2006 erneuert.

Unweit der Bergstation ein weiteres Gebäude, unscheinbar vor so großer Kulisse. Aber hier wurde und wird Wissenschaftsgeschichte geschrieben. Es ist das Höhenstrahlungsobservatorium der Universität Innsbruck zur Beobachtung kosmischer Strahlung. Das einzige dieser Art in Österreich, errichtet 1931 auf Wunsch des Physikers Victor Franz Hess. Er hatte die Forschungsstation quasi zur Bedingung gemacht, den Ruf an die Universität Innsbruck anzunehmen. Hier fand er ideale Voraussetzungen, die kosmischen Strahlungen zu beobachten. Für deren Entdeckung erhielt Hess 1936 den Nobelpreis für Physik. Im Jahr darauf ging er nach Graz, und als die Nazis die Macht ergriffen, emigrierte er in die USA. In der Messstation ist ein Gedenkraum für Victor Franz Hess eingerichtet. Auf dem Hafelekar ist man dem Universum nah.

Adresse Hafelekar / Bergstation Nordkettenbahn, 6020 Innsbruck / Hungerburg | **ÖPNV** Hungerburgbahn, Haltestelle Hungerburg; Bus J, Haltestelle Nordkette | **Anfahrt** A 12, Ausfahrt Innsbruck West, auf Egger-Lienz-Straße, links abbiegen auf B 174/Holzhammer-straße, rechts auf den Innrain, geradeaus bis Marktplatz, links über die Innbrücke, gerade-aus auf Höttinger Gasse, rechts und gleich links auf Höhenstraße bis Parkplatz Nord-kettenbahn auf der Hungerburg (alternativ mit der Hungerburgbahn bis zur Hungerburg und weiter) | **Öffnungszeiten** erste Bergfahrt 8.30 Uhr, letzte Talfahrt 17.30 Uhr, Info unter www.nordkette.com, Kontakt unter info@nordkette.com | **Tipp** Wer nicht genug kriegen kann von dieser herrlichen Aussicht, wandert vom Hafelekar über den Goetheweg zur Pfeishütte. Auf dem Rückweg nehmen Kniestarke die Schotterreißen als Abkürzung Richtung Tal.

39__HNRX

Sprayen für eine schönere Welt

Ist das »Street-Art« oder sind es Graffitis? – Die Diskussion ist müßig. Einer der bekanntesten Sprayer in Innsbruck ist HNRX. Ein Kürzel, das nichts bedeute, wie HNRX sagt: Aus einer Laune heraus entstanden. Jede freie Minute verbringt er sprayend in den Innsbrucker Stadtteilen. Seine Arbeiten finden sich aber auch in Berlin, Wien oder Zürich. Sie sind leicht zu identifizieren. HNRX sprayt primär Naturalien. Melonen, Kiwis, Bananen, in eigenwilligen Kombinationen: aufgespießt etwa oder zerteilt.

Seine »Inns'wurscht«, eine pralle rosa Wurst mit Schriftzug, ist Legende – entstanden als Reaktion auf Inns'bruck, das neue Logo von Innsbruck. HNRX will den Stadtraum verschönern, ihn bunter machen, freundlicher. Seine schwarze Skizzenmappe ist prall gefüllt, hat er einen neuen Platz ergattert, lässt er sich von seinen Zeichnungen inspirieren. »Ich blättere im Kopf die Mappe durch, und für eines der Motive ist das sicher die richtige Wand«, schmunzelt er.

Rund 2.400 Quadratmeter Fläche stellt die Stadt Innsbruck für Street-Art zur Verfügung – rund 20 Künstler haben das Angebot angenommen und die Nutzungsvereinbarungen mit der Stadt unterschrieben. Die Revolte gegen das Establishment und der Touch des Illegalen, Subversiven, die dieser Kunstform innewohnen, sind damit unterwandert. Die Übereinkunft zwischen Stadt und Graffitikünstlern funktioniert, beide Seiten sind zufrieden. Allerdings werden die Arbeiten der Künstler gern übermalt oder mit neuen Elementen versehen. Manchmal störe ihn das schon, sagt HNRX, aber er nehme Feedback, so wie es komme, Negatives perle an ihm ab. Die Stadt Innsbruck sieht es rigider. »Diese Unterführung wurde von Graffiti-Künstlern im Einvernehmen und mit Vertrag der Stadt Innsbruck gestaltet. Bemalen ohne Genehmigung ist verboten und stellt eine Sachbeschädigung dar«, steht auf Tafeln an den freigegebenen Wänden.

Adresse Unterführung Olympiaworld (Kreisverkehr), Olympiastraße östlich Olympia-World, 6020 Innsbruck | **ÖPNV** Bus T, Haltestelle Olympiaworld; Bus J, Haltestelle Pacherstraße; Bus 4123, 4125, 4134, 4141, Haltestelle Innsbruck/Olympiaworld | **Anfahrt** A 12, Ausfahrt Innsbruck Mitte, im Kreisverkehr auf Resselstraße Richtung Zentrum, Kreisverkehr an Olympiastraße (Unterführung darunter) | **Tipp** Das Tivoli-Freibad ist ein architektonisches Juwel. Errichtet wurde es nach den Plänen des Architekten Norbert Heltschl, eröffnet 1961. Er wollte ein Gesamtkunstwerk aus Architektur und Kunst schaffen.

40_ Der Kanaldeckel

Plötzlich ist da die Schanze

Das Goldene Dachl in der Innsbrucker Altstadt hat Signalwirkung. Von Süden kommend verjüngt sich die Maria-Theresien-Straße zur Herzog-Friedrich-Straße, und man hat es im Visier, wie die Nordkette darüber. Marschiert man in die umgekehrte Richtung, erhebt sich vor einem die Annasäule in der Maria-Theresien-Straße und dahinter der Patscherkofel.

Auf der Höhe des Weinhauses Happ empfehlen einem Kenner altstädtischer Besonderheiten einen Schlenker nach rechts auf den Kanaldeckel vor den Lauben. Von hier aus ist die berühmte Bergiselschanze zu sehen, geplant von der berühmten Zaha Hadid. Als erste Frau hat sie den renommierten Pritzker-Preis erhalten, die Sprungschanze ist eine der Stationen der Vierschanzentournee. Wer hier springt, hat den Friedhof der Basilika Wilten vor Augen. Kein Scherz.

In der Nacht gleicht die Schanze einer Schlange vor dem Biss: Zwei Augen funkeln im Dunkeln, der aufgerichtete Körper ist neonfarben nachgezogen. Sie hat alle Attribute, dem Goldenen Dachl seinen Rang als Wahrzeichen der Stadt abzulaufen. Die Schanze steht für jene Geschichte, auf die sich Innsbruck – neben der, die das Goldene Dachl symbolisiert – gern bezieht. Innsbruck war Olympiastadt 1964 und 1976; 2012 fand hier die Jugendolympiade statt.

Wer den Kanaldeckel vor dem Weinhaus Happ sucht, merkt schnell, dass er nicht die einzige Stelle ist, von der aus sie zu sehen ist. Egal. Wer hätte gedacht, dass ein Kanaldeckel in der Innsbrucker Altstadt derartige Aufmerksamkeit auf sich ziehen würde? Er selbst am allerwenigsten. Er liegt da wie immer: grau und fad. Kein Vergleich mit seinen Verwandten im niedersächsischen Wallenhorst. Dort gibt es angeblich beleuchtete Gullydeckel. In Innsbruck würde sich der eine vor dem Weinhaus Happ anbieten. Eigentlich aber ist es lustiger, von Kanaldeckel zu Kanaldeckel zu hüpfen und sich dabei von Touristen fotografieren zu lassen.

Adresse Herzog-Friedrich-Straße, 6020 Innsbruck | **ÖPNV** Bus A, C, J, M, O, TS; Tram 1; STB, Haltestelle Maria-Theresien-Straße | **Anfahrt** A 12, Ausfahrt Innsbruck Ost, Mitte, West, A 13, Ausfahrt Innsbruck Süd, Richtung Innsbruck-Zentrum, dort diverse kostenpflichtige Parkmöglichkeiten (Tiefgaragen) | **Tipp** Im Modegeschäft Mühlmann in der Seilergasse gibt es wunderbar Tragbares aus der Manufaktur des Osttiroler Designers Bernd Mühlmann; gleich daneben »die Wilderin«. Ein feines, kleines Restaurant, wo auf der Speisekarte steht, woher die Hauptzutaten kommen.

41 Die Klockerstiftung

Moderne Kunst auf Villengrund

Die Villa Klocker liegt im dicht besiedelten Wohngebiet von Arzl. Das 1959 nach Plänen des Architekten Wilhelm Adamer errichtete Gebäude ist dem Stil seiner Zeit verpflichtet: große Panoramafenster, Marmorböden, maßgefertigte Einbaumöbel. Es ist Sitz der »Komm. Rat Dr. Hans Klocker und Dr. Wolfgang Klocker Stiftung«, die Emmy Klocker in Erinnerung an ihren Mann und ihren früh verstorbenen Sohn eingerichtet hat.

Hans Klocker gründete 1951 das Autohaus VOWA in Innsbruck. Der begeisterte Bergsteiger legte im Laufe seines Lebens eine beachtliche Mineraliensammlung an. Sohn Wolfgang interessierte sich für zeitgenössische Kunst, wobei sein Augenmerk primär auf Tiroler Künstlern lag. Nachdem dieser bei einem Flugzeugabsturz ums Leben gekommen war, begann Emmy Klocker die von ihrem Sohn geschaffene Sammlung sukzessive zu erweitern mit dem Schwerpunkt Tiroler und Österreichische Kunst nach 1945. 1998 gründete sie die Stiftung, der seit ihrem Tod ein Stiftungsrat vorsteht.

Die Aufgabe der Stiftung besteht einerseits darin, den Nachlass der Familie aufzuarbeiten und die Kunstsammlung kontinuierlich auszubauen, andererseits, zeitgenössische Kunst und Künstler sowie die wissenschaftliche Auseinandersetzung mit ihnen zu fördern. Die Klockerstiftung vergibt einen Kunstpreis (alternierend als Haupt- oder Förderpreis) inklusive Ausstellung, Publikation und Ankauf von Werken. Als Zentrum fungiert die Klockervilla. Hier wurde der bereits bestehende Skulpturenpark um wesentliche Objekte aus der Sammlung ergänzt. Zudem sind Räumlichkeiten für Stipendiaten eingerichtet, die sich wissenschaftlich mit der Sammlung der Stiftung, aber auch mit den geehrten Künstlern befassen.

Das Anwesen in Arzl soll zu einem Ort der Auseinandersetzung mit zeitgenössischer Kunst und dem Kunstort Tirol wachsen sowie das Erbe der Familie Klocker im Sinne der Stifterin bewahren.

Adresse Zimmeterweg 14, 6020 Innsbruck / Arzl | **ÖPNV** Bus A, D, Haltestelle Schrott-straße | **Anfahrt** A 12, Ausfahrt Ost, rechts auf Andechsstraße, rechts auf Langer Weg, über Grenoblerbrücke, Kreuzung links auf Schusterbergweg, links Richtung Arzl, vor dem Nova Park rechts auf Alois-Schrott-Straße, links auf Zimmeterweg, dann rechts | **Öffnungs-zeiten** siehe unter www.klockerstiftung.at, Kontakt unter info@klockerstiftung.at | **Tipp** Die Kapelle am Arzler Kalvarienberg samt Kreuzweg ist ein echter Kraftplatz. Die Kapelle wurde 1665 errichtet und befindet sich in einem geschützten Landschaftsteil.

42__Das Lechle Haus

Im Innersten das Älteste

Der Franziskanerplatz ist fußläufig einer der Knotenpunkte in Innsbruck und sehr belebt. Seine spezielle Atmosphäre verdankt er dem historischen Ambiente, aber auch den eingeschossigen Vorbauten zu den Stadthäusern, deren Fassaden einst die Stadtmauern bildeten. Im 19. Jahrhundert reichten die vorgelagerten Gebäude über den Burggraben bis zum Marktplatz. Die wenigen verbliebenen sind heute Geschäfte oder Lokale. Ein, bis ins Innerste, bemerkenswertes Bauwerk in diesem Ensemble ist das »Lechle Haus«.

Im Zuge der Renovierung kam der alte Vorbau weg, ein neuer wurde errichtet. Die archäologischen Grabungen brachten interessante Details zur Stadtgeschichte ans Licht. Im Keller wurden einerseits Teile der Stadtmauer aus dem 13. Jahrhundert freigelegt, andererseits Reste des Zwingers, der Verteidigungsmauer. Von dieser war zwar nur das Fundament erhalten, das zeigte aber, dass die Mauer in der Barockzeit noch einmal erneuert worden war. Eine Überraschung, glaubte man doch bisher, dass unter Kaiserin Maria Theresia alle Zwingermauern abgerissen wurden.

Die eigentliche Sensation fand sich aber direkt im Haupthaus. Im Zuge der Umbauarbeiten legten die Fachleute zwischen dem Erdgeschoss und dem ersten Stock romanische Deckenbalken frei. Die dendrochronologischen Untersuchungen ergaben, dass die Bäume im Herbst beziehungsweise Winter 1298/1299 gefällt worden waren. Daraus konnten die Experten schließen, wann die ersten Anbauten an die Stadtmauer gemacht wurden. Durch die genaue Datierung der Fälldaten war der Beweis erbracht, dass das Lechle Haus das bisher älteste dendrochronologisch datierte Haus in der Innsbrucker Altstadt ist. Mit der Renovierung verschwanden die historischen Balken wieder unter neuen Boden- beziehungsweise Deckenaufbauten.

Wer am Franziskanerplatz steht, mag nicht glauben, dass das Lechle Haus das älteste am Platz ist, aber ganz tief drinnen ist es das.

Adresse Stiftgasse 3, 6020 Innsbruck | **ÖPNV** Bus A, C, M, O, J, C; Tram 1; STB, Haltestelle Museumstraße | **Anfahrt** A 12, Ausfahrt Innsbruck West, Ost, Mitte, Richtung Stadtzentrum / Altstadt, A 13 Abfahrt Innsbruck Süd, Richtung Stadtzentrum / Altstadt, dort diverse kostenpflichtige Parkmöglichkeiten (Tiefgaragen) | **Tipp** Manche sagen, die Wagner'sche gehöre zu Innsbruck wie das Goldene Dachl. Tatsächlich ist sie die älteste Buchhandlung der Stadt, gegründet 1639, und eine Institution.

43__Die Rotunde

Verwaistes Kulturdenkmal mit Überbau

Im September 2010 war die Schlacht geschlagen. In den frühen Morgenstunden transferierte ein Lkw das Innsbrucker Riesenrundgemälde »Schlacht am Bergisel« in das neu errichtete Museum am Bergisel. Der Münchner Maler Michael Zeno Diemer hatte das Monumentalbild 1896 gemalt, und zwar anlässlich der »Internationalen Ausstellung für körperliche Erziehung, Gesundheitspflege und Sport«, die am Messegelände in Innsbruck stattfand. Seit 1907 hing es in der eigens dafür gebauten Rotunde am Rennweg. Als Panoramen werden diese Kombinationen aus Monumentalbild und Rundbau bezeichnet. Sie gelten als erste Massenmedien und Vorläufer des bewegten Bildes.

Der Übersiedlung war ein jahrelanger Streit zwischen Denkmalschützern und Politik vorausgegangen. Das Ensemble am Rennweg stand seit 1974 unter Denkmalschutz. Zum Zeitpunkt der Translozierung war das Innsbrucker Riesenrundgemälde eines der vier letzten in Europa, die in einer annähernd originalen Rotunde hingen. Mit der Entscheidung, das Monumentalbild aus dem Ensemble zu lösen, war das Geschichte. Seither steht die Rotunde am Rennweg leer und ist nicht mehr zugänglich. Dabei handelt es sich um eine in mehrerlei Hinsicht bemerkens- und sehenswerte Konstruktion.

Errichtet wurde die Rotunde 1906 nach Plänen des bekannten Innsbrucker Baumeisters Anton Fritz. Es handelt sich um einen Ziegelbau mit einem leicht vorspringenden flachen Zeltdach und einem Lichtgaden mit dreiteiligen Sprossenfenstern. Den Abschluss der Dachkonstruktion bildet die sogenannte Laterne, ein offenes Türmchen in der Haube. Als im Innern der große Baldachin entfernt wurde, der die Beleuchtung des Rundgemäldes über die Dachfenster regulierte, kam ein bis dahin unsichtbarer Schatz zum Vorschein. Der Dachstuhl entpuppte sich als gefinkeltes Zusammenspiel aus Sprossen, Verstrebungen, Vertikalsparren und tragendem Mast in der Mitte – ein Meisterwerk des Tragwerkbaus.

Adresse Rennweg 39, 6020 Innsbruck | **ÖPNV** Bus 4, A, E, DE; Tram 1, Haltestelle Mühlauer Brücke | **Anfahrt** A 22, Ausfahrt Innsbruck Ost, Amraser-See-Straße, rechts auf Andechsstraße, geradeaus auf Erzherzog-Eugen-Straße, links auf Rennweg | **Öffnungszeiten** nur von außen zu besichtigen | **Tipp** Der Innsbrucker Alpenzoo ist der höchstgelegene Zoo Europas. Er beherbergt insgesamt rund 2.000 Tiere, darunter 20 Säugetier-, 60 Vogel-, elf Reptilien-, sechs Amphibien- und fast alle Fischarten der Alpen.

44_Die Stadtführerinnen

Innsbruck erfrischend anders

Eine Stadt zu lieben heißt, sie immer wieder neu zu entdecken. Das kann manchmal schwierig sein, eingespielt, wie man ist: Routine trübt den Blick für das Besondere. Diese Routine durchbrechen die Kulturvermittlerin Angelika Schafferer und die Kunsthistorikerin Renate Ursprunger. Wenn die beiden Innsbruck durchstreifen, geben sie sich nicht mit dem schnellen Blick, der flüchtigen Betrachtung zufrieden, und schon gar nicht mit dem, was jeder kennt – oder zu kennen glaubt. Sie wollen das erkunden, was nicht in Kunst- und Geschichtsbüchern oder in Reiseführern steht.

Seit 2006 bieten »die stadtführerINNen« Spaziergänge an, die Interessierten die kaum bekannten Seiten Innsbrucks zeigen. Ihre Führungen heißen »Hand und Fuß«, »Stein und Bein«, »Links und Rechts«, »Stadt bekannt?«, »Pro und Contra«. Es geht zu traditionellen Handwerksbetrieben, die versteckt in Innenhöfen liegen, zu bekannten und weniger bekannten Seelen auf Innsbrucks Friedhöfen. Die beiden nehmen ausgewählte Straßenzüge ins Visier, betrachten Themen aus den Bereichen Kunst, Wirtschaft, Geschichte und Religion von einer anderen Warte aus oder gehen Streitfällen nach, die, historisch oder aktuell, für Wirbel sorgen.

Sehr sympathisch ist, dass es Schafferer und Ursprunger nicht darum geht, möglichst viel Neues zu vermitteln, sondern mit den Teilnehmern ins Gespräch zu kommen, sich mit ihnen auszutauschen und ihre Erinnerungen zu aktivieren. »Eine Stadt lebt nicht von Denkmälern, sie lebt von den Geschichten, die es zu erzählen gibt, und den Erinnerungen ihrer Bewohner«, sagt Angelika Schafferer.

Die Führungen sind ein gemeinsames Erkunden der Stadt. Sie durchbrechen Routine, die, wie wir wissen, der Tod einer jeden Beziehung ist, und lassen einen Innsbruck erfrischend neu entdecken. Man könnte fast behaupten, die Stadtführerinnen bieten eine lustvolle Form von Beziehungstherapie.

Adresse Zollerstraße 5, 6020 Innsbruck | **ÖPNV** je nach Führung | **Anfahrt** A 12, Ausfahrt Innsbruck Ost, Mitte, West, A 13, Ausfahrt Innsbruck Süd, Richtung Zentrum, weiter je nach Führung | **Öffnungszeiten** Die Termine für die Führungen gibt es unter www.diestadtfuehrerinnen.at, Kontakt unter die@stadtfuehrerinnen.at. | **Tipp** Die Seifenfabrik Walde wurde 1777 gegründet und ist damit wohl die älteste Seifenfabrik Österreichs. In der Innstraße betreibt sie einen schönen Shop, in der Pfarrgasse beim Dom das Kerzengeschäft »Tiroler Wachszieher und Lebzelter«.

45_Die Tyroler Glückspilze

Die Herren der Wälder geben Sporen

Wenn Mark Stüttler von Pilzen spricht, dann hört sich das so an: Sie zählen zu den ältesten Lebewesen der Welt. Ohne Pilze hätte die Besiedlung des Landes nie stattgefunden. Gibt es keine Pilze, gibt es keinen Wald. 90 Prozent der Pflanzen gehen eine Symbiose mit Pilzen ein. Pilze zersetzen nicht nur alle pflanzlichen Abfallstoffe und bereiten damit wieder Nährboden, sie zersetzen auch Giftstoffe. Und sie sind ein gehaltvolles Nahrungsmittel. Kurzum: Der gebürtige Vorarlberger versteht nicht, dass wir Europäer so wenig übrighaben für dieses Wunderwerk der Natur.

2007 gründete er in Innsbruck das »Mushroom Research Center Austria« (MRCA). Hier betreibt er mit seinem Team Grundlagenforschung, kultiviert Speise- sowie Medizinalpilze, sammelt bedrohte Arten und erprobt Techniken zur Nachzucht. Seit 2012 produziert er zudem Speise- und Vitalpilze für den Lebensmittelhandel. Bio, versteht sich. Weil glückliche Pilze glückliche Menschen machen, heißt die Marke »Tyroler Glückspilze«.

»95 Prozent der in Österreich verzehrten Pilze werden importiert«, sagt Stüttler. Während der Speiseplan asiatischer Länder Pilze in allen Variationen kennt, ist der heimische geradezu mager in dieser Hinsicht: Pfifferlinge, Steinpilz, Champignon und aus. Völlig unverständlich für Stüttler, gibt es doch hervorragende heimische Speisepilze, die Abwechslung auf den Teller bringen. Sein oberstes Ziel daher, Pilze indoor züchten und ihr ganzes Potenzial abschöpfen.

Ginge es nach ihm, hätten alle Tiroler eine eigene Pilzzucht – im Garten oder auf dem Balkon. »Ein Baumstamm mit etwas Sporen geimpft, schon lässt sich herrlichstes Pilzragout ernten«, betont Stüttler. Seine Ideen treiben aus. Mittlerweile beliefert er Drogeriemärkte, hält Vorträge und Workshops. Tirol, sagt Stüttler, sei ein guter Boden für seine Forschung und seinen Traum, mehr Pilze unter die Leute zu bringen.

Adresse Karmelitergasse 21, 6020 Innsbruck | **ÖPNV** Bus M, Haltestelle Kaiser-schützenplatz; Tram 1; Bus T, Haltestelle Fritz-Konzert-Straße; Bus 4140, 4141, 4142, Haltestelle Schidlachstraße | **Anfahrt** A 12, Ausfahrt Innsbruck Mitte, im Kreisverkehr auf Resselstraße, Kreisverkehr auf Olympiastraße über Olympiabrücke, rechts in Süd-bahnstraße, rechts in Karmelitergasse | **Öffnungszeiten** Shop Mo–Fr 8–17 Uhr, www.gluckspilze.com, Infos zu frischen Speisepilzen unter info@gluckspilze.com | **Tipp** Auf dem Areal befindet sich »die wäscherei«, eine Bar mit Dachterrasse, Billard, Brettspielen, sowie der Verein zur Förderung der Hinterhofkultur (KG21GA), wo Konzerte, Ausstellungen und Lesungen stattfinden.

Tiroler Bio Reishi

46__Das Dorfzentrum

Alt und Neu auf Du und Du

3.700 Einwohner hat die Gemeinde Inzing, Tendenz steigend. Städter zieht es ins Einfamilienhausglück aufs Land, und der Ort, knapp 20 Kilometer westlich von Innsbruck, ist längst ins Visier geraten. Das Ortszentrum war schon davor dicht bebaut. Hier Freiräume mit Aufenthaltsqualität zu schaffen, ist eine Herausforderung. Der Gemeinde Inzing ist das gelungen.

Mehrere bauliche Veränderungen führten dazu. Den Anfang machte 1998 das Gemeindezentrum. Leicht geknickt schmiegt es sich in eine schmale, längliche Schneise nördlich des Widums. Im Süden dockt ein Kindergarten an. Geplant hat das Mehrzweckgebäude der Architekt Erich Gutmorgeth.

Der Kindergarten erwies sich rasch als zu klein, ein weiterer musste her. Das Grundstück zwischen der angrenzenden Kirchgasse und dem Mühlweg bot sich an. Hier errichteten die Architekten Martin Scharfetter und Robert Rier – in Kontrast zum holzverkleideten, niederen Gutmorgeth-Komplex – ein hohes weißes Gebäude mit großen Fenstern. Die Freiflächen realisierten die beiden auf dem Dach. Auf der anderen Straßenseite steht die traditionsreiche Brennerei Kranebitter und oberhalb der Kirche ein weiteres Schmuckstück: der Ansitz Inzing, allgemein als »Schlössl« bezeichnet. Im Mittelpunkt der wildromantisch anmutenden Anlage befindet sich ein Turm, dessen Grundfeste auf das 13. Jahrhundert zurückgehen – errichtet von den Herren von Eben, die ihren Stammsitz ursprünglich im Weiher Eben auf einer Anhöhe südlich von Inzing hatten. Anfang des 20. Jahrhunderts wurde der Turm im Stil des Historismus umgebaut.

Das Herzstück des gesamten Areals aber ist der Platz zwischen den Neubauten, dem denkmalgeschützten Widum samt Linde, Kirche und Friedhof. Das Café »s'10er« fungiert als neuer Treffpunkt. Sommers im Gastgarten bei einem Eiskaffee oder einem Kuchen, das ist wie auf einer italienischen Piazza zu sitzen – mit Alt und Neu auf Du und Du.

Adresse Kohlstatt 2 / Kirchgasse, 6401 Inzing | **ÖPNV** Bahn, Haltestelle Inzing; Bus 4165, Haltestelle Sparkasse oder Jugendheim | **Anfahrt** A 12, Ausfahrt Zirl West, auf Bahnhofstraße, rechts Richtung Inzing, in Inzing Zentrum links abzweigen auf Kohlstatt | **Tipp** Die Abfindungsbrennerei Kranebitter (Kranebitterhof) gehört zu den Edelbrennern der Region. Die Obstbrände erhalten seit Jahren hervorragende bis ausgezeichnete Wertungen, das Obst kommt aus der eigenen Landwirtschaft.

47 __ Der Weiler Hof

Drei Farben im Spiel

Der Weiler Hof auf dem Plateau südwestlich von Inzing gibt einem das Gefühl, in der Zeit zurückzugehen. Auf den ersten Blick wirken die Höfe wie konserviert, auf den zweiten sieht man Spuren des Verfalls, Risse in den Mauern. Und spaziert man durch, sieht man hier und dort Renovierungen.

Die erste Nennung des Weilers geht auf das Jahr 1437 zurück. In der Heiligen Nacht 1797 brannte das Dorf ab – bis auf den östlichsten Hof. Der dortige Bauer errichtete zum Dank jene Kapelle, die heute noch wirkmächtig am Südzugang des Weilers steht. Die Einwohner bauten die Gebäude wieder auf, von denen die meisten nicht mehr verändert wurden, nur eben alterten. So steht der prächtige Wannerhof seit Jahren leer und verfällt. Dabei ist er ein herausragendes Beispiel für einen Oberinntaler Bauernhof und das Geburtshaus des Malers Jörg Kölderer, Hofmaler und -baumeister Kaiser Maximilians I. in Innsbruck. Eine Besonderheit ist auch der Hakenhof, der aus zwei zusammengelegten Hofstellen besteht.

Bisher ist es nicht gelungen, den Weiler unter Ensembleschutz zu stellen. Die Bewohner wollen – verständlicherweise – einen zeitgemäßen Lebensstandard. Dieser ist nur schwer mit der Erhaltung der prägnanten Strukturen zu vereinbaren. Aber wer weiß, vielleicht dreht sich die Stimmung noch.

Der Einzigartigkeit nicht genug, steht linker Hand der Straße ein weiteres Kleinod, der Schneeglöckchenbaum. 1892 von einem Missionar gepflanzt, hat der unscheinbare Strauch Finessen auf Lager. Seine neuen Triebe sind in den Spitzen weiß. Später verfärbt sich fast das ganze Blatt rot, dann verschwindet das Rot, das Weiß wird stumpf, und Grün übernimmt das Kommando. Alte Triebe machen bei diesem Farbenspektakel nicht mit. Kein Wunder, dass der Strauch unter Naturschutz steht und es untersagt ist, Teile abzureißen. Dem aufmerksamen Auge entgehen die Schneeglöckchenbäumchen in den umliegenden Gärten natürlich nicht.

Adresse Weiler Hof, 6401 Inzing/Hof | **ÖPNV** Bahn, Haltestelle Inzing, Bus 4165, Haltestelle Schwimmbad (circa 45 Minuten Fußmarsch nach Hof) | **Anfahrt** A 12, Ausfahrt Zirl West, auf Bahnhofstraße, rechts Richtung Inzing, am Westrand des Ortes beim Schwimmbad der Beschilderung Richtung Hof folgen | **Öffnungszeiten** Gebäude sind in Privatbesitz und nicht öffentlich zugänglich. | **Tipp** An Hof geht der Peter-Anich-Wanderweg vorbei. Er führt von Oberperfuß nach Pfaffenhofen über Inzing, Hatting, Flaurlinger Berg sowie Höll und lässt sich in mehreren Etappen bewältigen.

48__ Das Kulturzentrum

Architektur-Staatspreis für eine Bettenhochburg

Ischgl ist die Partymeile Tirols, nicht weit vom Ballermann entfernt. Schön sei etwas anderes, stand schon oft in den Medien. Letzthin schaffte der Ort ein kleines Wunder: Architekten und Architekturkritik zu überraschen. Ischgl schenkte sich nämlich ein Dorfzentrum, ein teures, ein stilvolles, einen Ort für die Einheimischen, für den »Hoangascht« – mit großem Proberaum für die Musikkapelle, einem großzügigen Vereinslokal und diversen Veranstaltungsräumlichkeiten.

Das Dorf hat ein reges Vereinsleben – allein die Blasmusikkapelle verzeichnet über 100 Mitglieder. Und bei der Planung des Zentrums am Dorfanger war klar, »identitätsstiftend« sollte es sein. Dem Architektenduo Barbara Poberschnigg und Michael Fuchs oblag es, dem Bedarf der einzelnen Vereine an Räumlichkeiten Rechnung zu tragen. Für die Gesamtplanung war zudem zu berücksichtigen, dass unter dem Dorfanger ein Tunnel verläuft, der die Gäste zu den Skiliften lotst. Es galt, einen Zugang zu integrieren sowie den Gebäudekomplex an den denkmalgeschützten Widum anzubinden, und zwar so, dass dessen bauhistorische Bedeutung nicht geschmälert wird.

Die Architekten schoben den Musikproberaum in den Hang und überzogen dessen Außenseite mit Paneelen, durch die Tageslicht hereinfällt und die die Front luftig skulptural wirken lassen. Das Foyer öffnet sich zum großzügigen Platz hin. Gegenüber dem überdachten Pavillon befindet sich eine Rampe mit Sitzgelegenheiten. Ein Gang verbindet den Neubau mit dem Widum. Hier sind die Dorfbibliothek, das Archiv sowie ein Probe- und Veranstaltungsraum unter dem Dach eingerichtet. Bei der Renovierung des schmucken Gebäudes traten – neben anderen Kostbarkeiten – blaue Tapeten zutage. Dabei handelt es sich um die einzigen spätbarocken Tapeten Westösterreichs, wie das Bundesdenkmalamt feststellte. Sensationell wie das neue Dorfzentrum St. Nikolaus, 2014 ausgezeichnet mit dem Staatspreis Architektur.

Adresse Kirchenweg 9, 6561 Ischgl | **ÖPNV** Bus 4240, Haltestelle Mehrzweckhaus /
Terminal | **Anfahrt** A 12 / S 16, Ausfahrt Pians / Paznaun / Ischgl, B 188 Richtung
Paznaun / Ischgl, in Ischgl auf Dorfstraße, links in den Kirchenweg | **Öffnungszeiten**
Das Kulturzentrum ist nur bei Veranstaltungen geöffnet; Besichtigungen auf Anfrage,
Ansprechpartner Christian Schmid unter gemeinde@ischgl.tirol.gv.at | **Tipp** Das
Mathias-Schmid-Museum beherbergt neben der Mathias-Schmid-Stube Zeichnungen
und Gemälde des Malers, der in Ischgl aufwuchs und in München tätig war.

49 Die Alpe Dias

Alle auf einem Haufen und jedem seiner

Im Winter mag sie nicht ankommen gegen die weiße Pracht, die Skifahrer und Snowboarder anzieht. Im Sommer aber ist sie die Königin hier heroben, auf 1.900 Meter Höhe. Die Alpe Dias hoch über Kappl im Paznauntal ist eine der wenigen noch erhaltenen Almanlagen in Tirol. Sie besteht aus einer Sennhütte (»Thaie«) und 36 Unterständen für die Tiere (Schermen, »Schearam«). Jeder Bauer hatte seinen eigenen. 1857 erstmals kartografisch erfasst, ergaben dendrochronologische Untersuchungen, dass die ältesten verwendeten Hölzer auf das 16. Jahrhundert zurückgehen.

Das Senngebäude ist ein Steinmauerbau mit Schindeldach und besteht in dieser Form seit 1900. Neben dem Sennraum beherbergt das Gebäude zwei Kellerräume für Käse und Butter, eine Stube und zwei Schlafkammern. Die kleinen Stallungen wurden ebenfalls um 1900 erneuert, wobei vorhandene Materialien wieder zum Einsatz kamen, die Bauhölzer stammen nämlich zum Teil aus dem 18. Jahrhundert. Die Schermen sind in Holzblockbauweise errichtet, der Sockel besteht aus Steinmauern.

Seit 2007 steht die Alpe Dias unter Denkmalschutz. 2013 ist es gelungen, ihr als Museum neues Leben einzuhauchen. In Kooperation mit dem Bundesdenkmalamt haben die Initiatoren den Zustand von 1981 wiederhergestellt. Damals wurde die alte Alpe Dias aufgelassen und die Almwirtschaft in ein nahe gelegenes, neues Gebäude transferiert.

Im Wohnteil sind Ausstellungsbereiche und eine Schausennerei eingerichtet. Der Besucher begibt sich in die Zeit, als hier heroben Butter und Käse produziert und geheut wurde. Es war ein entbehrungsreiches Leben, geprägt von harter Arbeit. Davon zeugen allein die Werkzeuge, die zu sehen sind, und die spartanische Einrichtung. Die Alpe Dias ist ein einmaliges Zeugnis dieser besonderen Almform aus einem Senngebäude und mehreren Kuhschermen. Bei vielen anderen Almgebäuden in Tirol kommt der Denkmalschutz leider zu spät.

Adresse Bergstation Dias-Bahn, 6555 Kappl | **ÖPNV** Bus 4240, Haltestelle Bergbahnen Kappl | **Anfahrt** A 12 / S 16, Ausfahrt Pians / Paznaun / Ischgl, B 188 Richtung Ischgl / Kappl, in Kappl Talstation Bergbahnen Kappl an der Bundesstraße | **Öffnungszeiten** Das Almmuseum ist während des Sommerbetriebs der Bergbahnen Kappl täglich geöffnet; erste Bergfahrt 8.30 Uhr, letzte Talfahrt 16.45 Uhr; Info unter www.bergbahnenkappl.at | **Tipp** Wer genügend Zeit mitbringt, wandert durch das Seßladtal auf die Niederelbhütte auf 2.300 Meter Höhe. Alternativ bietet sich der Kieler Höhenweg an.

50 Der Gepatschstausee

Staudamm von internationalem Format

Im täglichen Sprachgebrauch wird wenig Unterschied gemacht zwischen den Begriffen Staudamm und Staumauer. Während ein Staudamm aus Schüttmaterial, also Erde und Stein, besteht, ist eine Staumauer betoniert. Der Gepatschstausee ist der älteste der großen Stauseen in Tirol und auch der größte. Sein Stauvolumen beträgt maximal 138 Millionen Kubikmeter Wasser. Sein Staudamm aber ist »nur« 153 Meter hoch, während die Staumauer des Speichers Zillergründl im Zillertal satte 186 Meter hergibt.

Wer die Kaunertaler Gletscherstraße befährt und vor sich den riesigen, aus Steinen bestehenden Staudamm sieht, ist trotzdem mächtig beeindruckt von der schieren Masse dieses »Steinhaufens«.

Schon 1930 gab es Pläne, die Wasserkraft des Kaunertals zu nutzen. Nach Willen der Regierung in Wien sollte der gesamte Ort Feichten abgesiedelt und das Talbecken geflutet werden – trotz massiver Proteste der Einheimischen. Nach dem Zweiten Weltkrieg kamen die Pläne in kleinerer Ausführung wieder auf den Tisch: Ein paar Almen sollten dran glauben. Errichtet wurde der Gepatschstausee zwischen 1961 und 1964. Der Schüttstaudamm war damals der zehnthöchste weltweit. Die Kaunertaler haben weit mehr als ein paar Almen gegeben. Das Tal galt einmal als Tal der Wasserfälle. Das ist vorbei, seit der rund sechs Kilometer lange Stausee die Wasser verschlingt. Zudem werden die Bäche teilweise über Stollensysteme taleinwärts geführt, und es kommt Wasser über Stollen aus dem Pitztal und dem Radurschltal.

Sommers, wenn der Pegel hoch ist, glitzert das Wasser verführerisch, ist der See Anziehungspunkt für Gäste aus nah und fern. Ist der Gepatschstausee fast leer, gibt er ein trostloses Bild ab. Kein Wunder, dass viele Kaunertaler wenig Freude haben, wenn es um Ausbaupläne des Betreibers TIWAG geht. Für Aufregung sorgte 2015 ein Hangrutsch in unmittelbarer Nähe des Staudamms. Laut Landesgeologen besteht aber keine Gefahr.

Adresse Gepatschspeicher, 6524 Kaunertal | **ÖPNV** Bus 4232, Haltestelle Kaunertal / Staudamm | **Anfahrt** A 12, Ausfahrt Reschenpass / Meran, auf B 180 bis Prutz, dort Abfahrt Prutz / Kaunertal, weiter auf Kaunertaler Straße bis Kaunertaler Gletscherstraße (mautpflichtig), Gepatschspeicher | **Öffnungszeiten** Mautstelle / Kassa Gletscherstraße täglich 7 – 17 Uhr, Info unter www.kaunertaler-gletscher.at, Kontakt unter kaunertal@tirolgletscher.com | **Tipp** Das Gepatschhaus wurde 1873 als erste deutsche Alpenvereinshütte in Österreich erbaut. Es steht seit 2012 unter Denkmalschutz zusammen mit der Kapelle »Maria Schnee«, deren Rückteil ein Schlafhaus ist.

51 Die Ögghöfe

Konservierte Zeit hoch über dem Tal

Auf einem Hügel über Feichten thronen die Ögghöfe, auf 1.444 Meter, drei Häuser aneinandergeklebt wie ein Nest. Nach einem Brand wurden sie 1769 und 1771 wieder errichtet und behaupten sich seither gegen Wind und Wetter und gegen die Zeit. Wer durch das Haus Nummer 221 geht, zieht automatisch den Kopf ein. Türbögen und Räume sind niedrig, die Fenster klein. Die Stube ist traditionell mit Holzbank, Herrgottswinkel und Ofen ausgestattet. Er funktioniert noch wie der Ofen in der Rauchkuchl. Dort hängen Kellen und andere Utensilien an der Wand. Sozialromantik verpufft beim Gedanken an die Rauchentwicklung in diesem düsteren Raum mit geschwärzter Decke.

Georg Praxmarer hat den Ögghof Nummer 221 geerbt und zusammen mit seiner Frau Brigitte beschlossen, die Hofstelle zu revitalisieren und als Veranstaltungs- sowie Seminarzentrum zu nutzen. Die Einnahmen aus den Vermietungen sollen in die Erhaltung und Sanierung des alten Gemäuers fließen. Um seine Pläne umzusetzen, hat Praxmarer sich intensiv mit der Geschichte der Höfe befasst und den Verein »Kulturdenkmal Ögghöfe« gegründet. Seit 2015 stehen die Ögghöfe unter Denkmalschutz, und das Bundesdenkmalamt ist angetan vom Konzept Praxmarers. Es sichert Erhalt und langfristige Nutzung dieses einmaligen Ortes.

Die Ögghöfe sind identitätsstiftend für das Kaunertal und den Ort Feichten, da sind sich nicht nur die Einheimischen einig. Allein die Lage ist einmalig. Von den Ögghöfen aus ist der ganze Ort zu überblicken, taleinwärts gibt es freie Sicht bis zum massigen Staudamm und dem Kaunertaler Gletscher, der an schönen Tagen die ganze Bergflanke in gleißendes Licht taucht. Auf der gegenüberliegenden Talseite machen Ortskundige die Relikte des einstigen Bergbaus aus. Und wenige Meter unter dem Haus 221 steht ein riesiges Kreuz mit einem überlebensgroßen Jesus. Errichtet wurde es nach dem Staudammbau; es ist Mahnung und Schutz zugleich.

Adresse Kaunertal Nummer 221, 6524 Kaunertal / Feichten | **ÖPNV** Bus 4232, Haltestelle
Gemeindeamt Feichten | **Anfahrt** A 12, Ausfahrt Reschenpass / Meran, B 180 bis Prutz,
Ausfahrt Prutz / Kaunertal, Kaunertaler Straße bis Feichten, die Ögghöfe sind über einen
Forstweg zu Fuß zu erreichen, Wanderung circa 20 Minuten | **Öffnungszeiten** Der Ögghof
221 ist bei Veranstaltungen und nach Terminvereinbarung zu besichtigen; Kontakt Georg
Praxmarer unter info@oegghof.at | **Tipp** Auf der anderen Talseite befindet sich die Aus-
sichtsplattform Adlerblick. Von dort ist es nicht weit zum »Bergwerksblick« samt Rund-
wanderweg zu den Knappenlöchern und der Knappenhütte.

52__Der Stausee Gasteig

Der älteste von allen – ein Teich

In der Liste der Stauseen in Österreich auf Wikipedia scheint er nicht einmal auf, der Stausee in der Unterländer Gemeinde Kirchdorf, Ortsteil Gasteig. Dabei dürfte er der älteste Stausee Tirols sein. Errichtet hat ihn laut Gemeindechronik Kirchdorf eine Elektrofirma aus St. Johann in den Jahren 1901/1902.

Bei der Fahrt von Kirchdorf nach Gasteig zeigt einem das Hinweisschild »Gasthaus Stauseewirt«, dass es nicht mehr weit sein kann, und am Eingang von Gasteig findet sich linker Hand ein kleiner Parkplatz. Von hier führt ein Weg hinunter zum Bach und weiter Richtung Kirchdorf. Bald weist ein Schild auf die Abzweigung zum Stausee.

Da selbst Einheimische bei diesem Begriff längst nur Größen wie den Schlegeisspeicher oder den am Zillergründl im Kopf haben, sei erwähnt: Der Stausee am Luigambach ist mickrig.

Die Staumauer ist gerade einmal zehn Meter hoch und einen Kirschkernspucker breit. Obwohl es sich um eine »gewölbte Schwergewichtsmauer« handelt, ist der Betrachter nur mäßig beeindruckt. Schwergewichte schauen anders aus, und stünde man am Fuße der Mauer, würde einen deren Alter nervös machen, mehr nicht. Auf alten Aufnahmen spiegelt sich die Umgebung im kristallklaren Wasser. Rund 250 Meter lang und 25 Meter breit war der Stauraum. Heute hat der See mehr Ähnlichkeit mit einem Teich: in der Mitte eine große, bewachsene Sandbank, mit Plätzchen zum Sonnetanken und Grillen. Der Uferbereich ist zugewachsen. 25.000 Kubikmeter soll der Stausee am Luigambach fassen. Zum Vergleich: Die Staumauer des Speichers Zillergründl ist 186 Meter hoch, und er hat ein Fassungsvermögen von fast 87 Millionen Kubikmeter.

Und doch ist es interessant zu sehen, in welchen Dimensionen bei der Stromerzeugung anfangs gedacht wurde und in welchen heute. Der Stausee Gasteig gehört zum Kleinwasserkraftwerk Kirchdorf, seit 1955 im Besitz der Tiroler Wasserkraft AG (TIWAG).

Adresse Nähe Gasthaus Stauseewirt, Gasteiger Straße 33, 6382 Kirchdorf/Gasteig | **ÖPNV** Bus 4000, Haltestelle Vorderjager Mast 2 | **Anfahrt** A 12, Ausfahrt St. Johann/Wörgl Ost, B 178 Richtung St. Johann/Lofer, durch St. Johann, dann auf B 176 Richtung Kirchdorf, in Kirchdorf links auf Gasteiger Straße, nach dem Schild Gasteig kleiner Parkplatz links | **Tipp** Die Schaukäserei »Wilder Käser« in Gasteig ist mehrfach ausgezeichnet. Die beiden Stars sind der »Große Stinker« und der »Kleine Stinker«. Herzstück der Käserei ist das 500 Jahre alte Bauernhaus mit Jaus'n-Stube und Bauernladen.

53__Die Glocke

Die Tiroler Pummerin hat einen Makel

Die Innsbrucker wollten sie nicht haben, die Glocke, die der bekannte Glockengießer Josef Georg Miller 1845 für den Dom fertigte. Nach dem Guss war ein Ziegelstein auf die noch heiße Glocke gefallen und hatte eine Delle hinterlassen. Außerdem fanden die Innsbrucker den Schlagton einen Tick zu hoch, und Miller blieb auf seinem teuren Stück sitzen. Schließlich kaufte die Stadt Kitzbühel die Glocke und hängte sie 1847 in der Liebfrauenkirche auf.

Und das, obwohl sie das Wappen der Stadt Innsbruck trug und – mit Ausnahme des Makels – unverkennbar die Schwester der späteren Innsbrucker Domglocke sein sollte. Nach dem Missgeschick Millers erhielt nämlich die Glockengießerei Grassmayr den Auftrag, eine neue Glocke zu gießen, und verwendete die gleichen Modeln wie Miller. Als im Ersten Weltkrieg die Glocken von den Kirchtürmen geholt wurden, um Material für Kriegsgerät zu haben, blieb die Glocke der Liebfrauenkirche verschont. Der Kaiser persönlich hatte das angeordnet. Was dem 6.400 Kilogramm schweren Stück den Namen »Kaiserglocke« eintrug.

Bereut haben die Kitzbüheler ihre Entscheidung für die fehlerhafte Glocke nie. Warum auch? Gilt sie doch als die klangschönste Tirols. Einige sagen sogar, sie habe nach der Pummerin im Wiener Stephansdom den zweitschönsten Klang in Österreich – und nennen sie die »Tiroler Pummerin«. Die Einheimischen lieben nicht nur ihren Klang, sie vertrauen ihrem Geläute, wenn ein Gewitter aufzieht. Denn die Erfahrung hat sie gelehrt, dass die kraftvollen Schwingungen Hagel vertreiben. Bis vor wenigen Jahren hat der Messner die Glocke noch manuell geläutet, mittlerweile läuft alles vollautomatisch. Die beliebten Begehungen des Glockenturms wurden mittlerweile eingestellt. Die Stiege ist schmal und steil, die Gefahr daher hoch, sich beim Auf- oder Abstieg zu verletzen. Bei einer Glocke ist aber sowieso wichtiger, wie sie klingt, als wie sie ausschaut.

Adresse Pfarrau 2, 6370 Kitzbühel | **ÖPNV** Bus 4002, 4008, Haltestelle Postamt oder Stadtzentrum | **Anfahrt** A 12, Ausfahrt St. Johann / Wörgl Ost, B 178 Richtung Lofer / St. Johann, im Kreisverkehr Ausfahrt B 170 Richtung Hopfgarten, bis Kitzbühel, vor dem Tunnel rechts Richtung Pfarrau, Parkplatz Pfarrau, kurzer Fußweg Richtung Zentrum (beschildert) | **Öffnungszeiten** Die Begehung des Kirchturms ist nicht möglich. | **Tipp** Der Kirchhügel mit Pfarrkirche St. Andreas, Liebfrauenkirche, Widum, Ölberg- und Johannes-Nepomuk-Kapelle sowie Spitalskirche Hl. Geist ist ein mystischer Ort. Auf dem Friedhof sind einige sehr berühmte Namen zu finden.

54__Das Hahnenkammrennen
Amerikanischer Traum und der Hahnenkamm

1969 fuhr ein Hauch von Hollywood auf dem Hahnenkamm. Robert Redford war anlässlich des Hahnenkammrennens in Kitzbühel, um zentrale Szenen für seinen Film »Downhill Racer« zu drehen. Redford verkörperte darin den Nachwuchsskifahrer David Chappellet, der beim Rennen an den Start geht. Das Hahnenkammrennen galt schon damals als wichtigstes Abfahrtsrennen der Welt. Allerdings ging es noch lockerer zu im Umfeld von Redford.

Er war noch nicht der international bekannte Star. Dafür spielte er eine Figur, wie sie für ihn typisch werden sollte: der unnahbare Schöne. In seiner Darstellung des sportlichen Einzelkämpfers orientierte sich der Schauspieler an Spider Sabich, dem draufgängerischen Charismatiker im US-Skiteam. Dieser war tatsächlich beim Rennen 1969 in der Gamsstadt dabei und trug – wie Chappellet – die Startnummer 15. Der amerikanische Skirennläufer Joe Jay Jalbert, der als Stuntman und Redford-Double ins Team geholt worden war, filmte die Abfahrt des Helden. Während er mit 90 Stundenkilometer über die Piste bretterte, hielt er mit der 18 Kilogramm schweren Kamera auf den Fahrer. Jalbert gelangen dadurch bis dahin noch nie gesehene Aufnahmen des Hahnenkammrennens aus dem Blickwinkel eines Rennläufers. Seinen Sieg feierte Chappellet alias Redford stilgerecht in den Szenelokalen der Gamsstadt.

»Downhill Racer« wurde kein Kassenschlager, und Redfords Aufenthalt in Kitzbühel wäre vergessen geblieben, hätte der Hamburger Fotograf Hans Rudolf Uthoff nicht ein paar Fotos von den Dreharbeiten an das Stadtmuseum Kitzbühel geschickt und damit das Interesse des Museumsleiters Wido Sieberer geweckt. 2014 fand eine Ausstellung über Redford statt, zu der Uthoff nach Kitzbühel kam.

Er sei einfach hingegangen, habe gefragt, ob er fotografieren dürfe, das war's, erzählte Uthoff. Das ist heute anders, bei Redford und beim Hahnenkammrennen. Ohne Akkreditierung geht gar nichts.

Adresse Hahnenkamm, 6370 Kitzbühel | **ÖPNV** Bahn, Haltestelle Kitzbühel / Hahnen-
kamm; Bus 4004, Haltestelle Hahnenkamm | **Anfahrt** A 12, Ausfahrt St. Johann / Wörgl Ost,
B 178 Richtung Lofer / St. Johann, im Kreisverkehr Ausfahrt B 170 Richtung Hopfgarten,
weiter bis Kitzbühel, vor dem Tunnel rechts Richtung Pfarrau, rechts und geradeaus auf
Franz-Reisch-Straße, rechts auf Josef-Herold-Straße, Richtung Bergbahn Kitzbühel | **Tipp**
»Kitzbühel Eyewear« heißt die Eigenmarke von Allmoslechner United Optics in der Hinter-
stadt. Die Brillenmodelle werden in einer Manufaktur in Oberitalien produziert. Edel.

55 Die Brandenberger Ache
Mächtige, türkisgrün glitzernde Schönheit

Die Ache ist 33, 28 oder 24 Kilometer lang – je nachdem, ob man an der Roten Valepp in den bayerischen Alpen oder an deren Zusammenfluss mit der Weißen Valepp zu zählen beginnt oder erst am Zusammenfluss von Grundache und Marchbach auf Tiroler Gebiet. Unabhängig davon ist die Brandenberger Ache eine der schönsten Fluss- und Schluchtenlandschaften Österreichs.

In jahrtausendelanger Arbeit hat sie sich den Weg von Norden nach Süden durch die Kalkalpen gebahnt. Sie mäandert, tobt und gurgelt durch das Gebirge in verwegenen Schwüngen und aufregenden Manövern. Idyllische Gumpen wechseln mit tosenden Wasserfällen, breite Becken mit tiefen Schluchten. Von der Grenze bis zur Erzherzog-Johann-Klause heißt der Fluss Grundache, dann Brandenberger Ache. In der Kaiserklamm zieht diese vorbei an Brandenberg durch die Tiefenbachklamm und vereinigt sich in Kramsach mit dem Inn. Jahrhundertelang wurde die Brandenberger Ache zur Holztrift genutzt. Hier war die größte Holztrift Tirols. Die ältesten Aufzeichnungen darüber reichen ins 15. Jahrhundert zurück. Gestaut wurde das Wasser zunächst auf bayerischem Boden, ab 1835 dann auch an der Erzherzog-Johann-Klause. Verkeilten sich die Stämme, mussten sie händisch wieder auseinandergezogen werden. In Kramsach wurden die Holzstämme mit Rechen aus dem Wasser geholt. Erst 1966 erfolgte die Schließung des Klauswerkes. Seit 1988 ist die Brandenberger Ache Naturdenkmal.

Dank der wirtschaftlichen Nutzung sind Kaiser- und Tiefenbachklamm gut erschlossen. Schmale, schwindelerregende, in den Felsen gehauene Pfade und Steige machen sie zu einem Abenteuer, wobei gutes Schuhwerk, Trittsicherheit und an gewissen Stellen Sicherungsmaßnahmen für Kinder notwendig sind. Die Kaiserklamm ist bei Raftern, Kajakfahrern und Wildwasserschwimmern äußerst beliebt, während sich an den Ausläufern der Tiefenbachklamm die Sonnenanbeter tummeln.

Adresse Tiefenbachklamm, 6233 Kramsach | **ÖPNV** Bus 4070, Haltestelle Tiefenbach-
klamm | **Anfahrt** A 12, Ausfahrt Kramsach / Rattenberg, Richtung Kramsach, im Kreis-
verkehr rechts Richtung Amerling, gleich links auf Ländbühel, weiter Richtung Winkl,
Burgstall und Aschau, Parkplatz Tiefenbachklamm | **Öffnungszeiten** nur im Sommer
begehbar, Info unter www.alpbachtal.at, Kontakt unter kramsach@alpbachtal.at | **Tipp** Der
Skulpturenpark Kramsach befindet sich im Kramsacher Ortsteil Mariatal. Wie Findlinge
verteilen sich die Plastiken in der Landschaft.

56__Das Toteisloch

Plötzlich ein Trichter im Boden

Am Ende der letzten Eiszeit wurde es rasant wärmer, so rasant, dass Gletscher barsten und einzelne Blöcke einfach irgendwo liegen blieben. Die Schottermengen, die aufgrund der Schmelze mit dem Wasser zu Tal flossen, begruben sie unter sich. In der Wissenschaft heißt das Phänomen Toteis, weil die Brocken den Kontakt mit dem Gletscher verloren haben – im Gegensatz zum stagnierenden Eis, das den Kontakt (meist) ebenfalls verloren hat, allerdings nicht mit Sedimenten überschüttet wurde.

Auf den Ablagerungen über dem Toteis siedelte sich Vegetation an, während die unterirdischen Eiseinschübe langsam schmolzen – bis das darüberliegende Material einsackte und sich eine trichterförmige Mulde bildete. Einige dieser Toteislöcher sind mit Seen gefüllt – der Lanser See bei Innsbruck zum Beispiel oder der Frauensee und der Krummsee bei Kramsach. Andere haben sich als ganz spezielle Vegetationsinseln erhalten.

Ein markantes Toteisloch findet sich zwischen Krummsee, Reintaler See und Windhaghof. Es handelt sich um ein Kesselmoor. Die Pflanzendecke am »Boden« schwimmt auf Wasser. Da das Kesselmoor über keinen Abfluss verfügt und die Wasserspeisung – etwa durch Niederschläge – schwankt, ändert dieser Torfmoosschwingrasen sein Niveau im Laufe des Jahres um bis zu einen Meter. Im Innern des Moores finden sich sogenannte Bülten (Erhebungen) und Schlenken (Vertiefungen) aus Torfmoosen, umgeben ist es von Großseggen, krautigen Pflanzen. Die Düngung der umliegenden Felder verändert die ursprüngliche Zusammensetzung der Flora, Schilf ist auf dem Vormarsch. Ein weiteres, weit kleineres Toteisloch findet sich nordöstlich des Windhaghofes.

Wie der Frauensee sind die Toteislöcher in Kramsach Naturdenkmäler. Ebenso übrigens der Seerosenbestand des nahen Reintaler Sees, der als Badesee sehr beliebt ist – nicht zu vergessen der in einer Mulde gelegene Berglsteiner See.

Adresse Nähe Windhaghof, Seebühel 31, 6233 Kramsach | **ÖPNV** Bus 4113, Haltestelle Kramsach / Parkplatz West oder Parkplatz Krummsee | **Anfahrt** A 12, Ausfahrt Kramsach / Rattenberg, Richtung Kramsach, im Kreisverkehr rechts Richtung Amerling, gleich links auf Ländbühel, rechts abbiegen nach Länd, links abbiegen nach Achenrain, Seen-Straße folgen bis Westufer Reintaler See | **Tipp** Das Restaurant Berglsteiner See bietet hervorragende Küche. Besonders beliebt sind der sonntägliche Schweinsbraten mit krosser Kruste und die frischen Fischspezialitäten.

57__Das Anton-Karg-Haus
Städtische Noblesse unter kaiserlichem Gebirge

Das Anton-Karg-Haus liegt ganz hinten im Kaisertal bei Kufstein, am Fuße der beeindruckenden Gipfel des Wilden und des Zahmen Kaiser. Mit einer Schutzhütte im herkömmlichen Sinn hat es nichts zu tun. Das Anton-Karg-Haus erinnert vielmehr an eine Villa im ländlichen Stil, wie sie im ausgehenden 19. Jahrhundert zahlreich zu finden waren – mit schmucken Holzbalkonen und Giebeln sowie großzügiger Veranda. Nur etwas größer.

Der erste Bau entstand 1883 als Hinterbärenbadhütte an der gleichnamigen Stelle neben dem Kaiserbach. Der Überlieferung nach genossen hier Bären gern ein kühlendes Bad – möglicherweise waren sie aber auch nur auf der Suche nach Futter. Später kam nordöstlich der Alpenvereinshütte eine Kapelle dazu. 1894/95 ließ der Kufsteiner Bürgermeister Anton Karg ein neues Haus errichten. Nach einem Brand wurde das Gebäude, den alten Plänen entsprechend, wieder aufgebaut und 1900 als Anton-Karg-Haus eingeweiht.

Im Wesentlichen hat sich am Gebäude bis heute nichts geändert. Die zwei Untergeschosse sind gemauert, die Obergeschosse in Holz, darauf ein Pfettendach. Einige der großzügigen Zimmer verfügen über Balkone – bürgerlicher Stil musste sein. Immerhin verbrachte hier die betuchte Kufsteiner Gesellschaft ihre Sommerfrische. Erhalten sind unter anderem drei wunderbare getäfelte Stuben. Besonders augenfällig sind die Wandmalereien in der mittleren und westlichen Stube. Der Fries in der Platzstube (auch Hinterbärenbach-Stüberl genannt) zeigt Gebirgslandschaften und figurale Szenen, 1901 gemalt vom deutschen Maler Ernst Heinrich Platz. Die Wandverzierung in der mittleren Stube präsentiert karikaturistische Porträtbüsten einer Tischgesellschaft.

2011 wurde das Anton-Karg-Haus, als erste Schutzhütte des Österreichischen Alpenvereins, unter Denkmalschutz gestellt. Das Ensemble aus Brücke, Kapelle und Schutzhütte unter imposantem Gipfelkranz ist echte Postkartenidylle.

Adresse Kaisertal 2, 6360 Kufstein / Kaisertal | **ÖPNV** Bahn, Haltestelle Kufstein, weiter mit Stadtbus 1, Haltestelle Kaisertal; Bus 4030, Haltestelle Kaisertal | **Anfahrt** A 12, Ausfahrt Kufstein Nord, im Kreisverkehr Richtung Ebbs, beim Hinweisschild »Kaisertal« rechts einbiegen, gebührenpflichtiger Parkplatz in Kufstein / Sparchen, Gehzeit circa 2–2,5 Stunden | **Öffnungszeiten** Mai bis Okt., genauere Info unter www.hinterbaerenbad.at | **Tipp** Jeder kennt die Redensart »Neapel sehen und sterben«. Auf dem Weg ins Kaisertal kommt der Wanderer an der »Neapelbank« vorbei. Diesen Blick auf Kufstein sollte er sich auf keinen Fall entgehen lassen.

58_Die Rathaustür

Unschuldiges Weiß kann aufregen

Es war die weiße Tür, die am Ende nicht gefallen wollte. Sie trifft nicht den Geschmack der Bevölkerung, befanden gewichtige Menschen in Kufstein. »Geschmacklos« war einer der gelinderen Begriffe, der in Umlauf war, deftigere Vokabeln waren schnell gefunden. Sie muss weg, hieß es. Die Architekten zeigten sich nicht weniger entschlossen, dieses kleine Detail im Gesamtprojekt zu verteidigen. Thomas Giner, Erich Wucherer und Rainer Köberl hatten den Auftrag erhalten, die Generalsanierung und Erweiterung des Gebäudekomplexes Rathaus-Bildsteinhaus im Herzen von Kufstein zu planen.

Das Rathaus am Unteren Stadtplatz stammte im Kern aus dem Mittelalter und war in den 1920er Jahren das letzte Mal umfassend adaptiert worden. Es war längst zu klein und sollte nun im Innern stimmig verbunden werden, und zwar mit dem angrenzenden, dem Oberen Stadtplatz zugewandten Bildsteinhaus sowie dem Paramentstöckl, das Richtung Pfarrkirche anschloss.

Das Architektenteam hatte ein umfassendes Konzept vorgelegt, Teil davon war die weiße Tür, die als neuer Eingang am Oberen Stadtplatz fungieren sollte. Die drei bekamen Unterstützung vom Landeskonservatorat für Tirol. Ein baukünstlerisch so bedeutendes Ensemble sollte keinesfalls mit pseudohistorischen Elementen aufgeladen werden, sagten die Denkmalschützer. Zudem wiesen sie darauf hin, dass es an dieser Stelle vorher keine Tür gegeben habe und somit auch kein Vorbild. Der Bürgermeister versuchte zu beruhigen und erklärte, er werde die Tür austauschen, sobald ihm ein besserer Vorschlag auf den Tisch komme. Der ist offensichtlich nicht gekommen. Denn sie ist immer noch da, die schlicht-weiße Tür, die nicht ablenkt vom imposanten Gebäude. Über dessen Gesims thront eine Wand aus weißen Metalllamellen. Sie beschatten den dahinterliegenden Rathaussaal und geben dem Bau einen geradezu majestätischen Abschluss.

Adresse Oberer Stadtplatz 17, 6330 Kufstein | **ÖPNV** Bus 8320, 4055, 4902, 4026, Haltestelle Oberer Stadtplatz; Stadtbus 1, 2, 3, Haltestelle Oberer Stadtplatz | **Anfahrt** A 12, Ausfahrt Kufstein West, B 171 Richtung Zentrum, auf B 171 bleiben bis Kreisverkehr mit Ausfahrt Salurner Straße, geradeaus auf Kinkstraße, rechts Madersbergerstraße, links Schillerstraße, weiter auf Praxmarerstraße, am Ende links | **Öffnungszeiten** Tür von außen jederzeit zu besichtigen, innen nur zu den Öffnungszeiten | **Tipp** Das »Café Wein Fritz« hat eine hervorragende Auswahl guter nationaler und internationaler Weine, dazu gibt es ein feines Sortiment kleiner Imbisse und Antipasti.

59__Der Sauerbrunn

Prickelndes Wässerchen erobert die Welt

Das Verhalten der Tiere machte ihn neugierig. Immer wieder zogen sie zu dieser einen Quelle. Also kostete er. Nikolaus Schederle, so hieß der Hirte, spürte ein Prickeln auf der Zunge, und ein angenehmes Wohlgefühl durchströmte ihn. Das war im Jahr 1212. Die Kunde vom heilenden Wasser zog rasch Kreise. Einfache Leute machten sich auf nach Obladis, Fürsten schickten ihre Dienerschaft, um an das kostbare Wasser zu gelangen. Ob Kaiser Maximilian, Erzherzog Ferdinand II. oder Erzherzog Leopold V. – sie alle schworen auf die heilende Wirkung des »Sauerbrunns«. Wobei sich der Name auf die im Wasser enthaltene Kohlensäure bezog.

Auf einfache Hütten folgte ein hölzernes Badhaus. Bald war auch das zu klein. 1833 errichtete die »Sauerbrunn-Gesellschaft zu Obladis« ein neues, komfortables Badhaus. Obladis avancierte zum Kurhotel für zahlungskräftige Klientel aus nah und fern und erreichte die Dimension eines Grandhotels, wie sie im Zuge des Eisenbahnbaus entlang der Trassen entstanden. Das dreistöckige Haus verfügte unter anderem über einen Raucher- und einen Damensalon, Lesezimmer, Veranda, eine Kegelbahn und ein eigenes Postamt. Die Gäste, darunter bekannte Politiker wie Leopold Fiegl, kurierten sich mit Moorpackungen, Sitzbädern und Aufgüssen. Das Wasser wurde in alle Welt verschickt.

Vom einstigen Nobelhotel ist heute nur mehr wenig übrig. 1972 brannte der Großteil der Anlage ab und wurde nicht mehr errichtet. Heute ist Obladis eine Pension mit Biobauernhof. Die Säule, die Ferdinand II. 1575 über der Quelle errichten ließ, steht noch, und zwar unmittelbar vor dem Brunnen. Aus einer Leitung kommt Schwefelwasser, anzuwenden bei Rheuma, Gicht oder Hautleiden, aus der anderen fließt Sauerbrunn, gut bei Erkrankungen der inneren Organe, bei Schilddrüsenleiden oder Verschleimung der Atemwege. Das Wasser wird als »Tiroler Sauerbrunn« in Flaschen abgefüllt und vertrieben.

Adresse Obladis 2a, 6532 Ladis / Obladis | **Anfahrt** A 12, Ausfahrt Reschenpass / Meran, B 180 bis Prutz, Abfahrt nach Serfaus-Fiss-Ladis, rechts Richtung Ladis, von dort Bergstraße nach Obladis (teils steil und schmal) | **Öffnungszeiten** Der Brunnen ist frei zugänglich. | **Tipp** Der Mythenweg »Wie der Paradiessamen nach Ladis kam« führt von Ladis nach Obladis und zur Aussichtsplattform Wodeturm mit herrlichem Blick ins Obere Inntal, von dort nach Neuegg über die Asterhöfe retour nach Ladis.

60___Die Pestkapelle

Charakterköpfe und der Schwarze Tod

Albin Egger-Lienz (1868–1926) war einer der bedeutendsten Künstler seiner Zeit. Wie kaum ein anderer prägte und prägt er das Bild der ländlichen Tiroler Bevölkerung. Der gebürtige Osttiroler studierte an der Kunstakademie in München, lebte ab 1914 in St. Justina bei Bozen und ist in seiner Heimatstadt Lienz begraben.

Anfang des 20. Jahrhunderts kam Egger-Lienz das erste Mal zur Sommerfrische nach Längenfeld und danach immer wieder. Das weitläufige Ötztal bot ihm Inspiration ohne Ende. Für ihn war der Aufenthalt daher weniger Erholung als Arbeit. Er fertigte unzählige Skizzen und Kopfstudien an, die er später in seinen Werken verarbeitete. Die Ötztaler waren »Charakterschädel« nach seinem Geschmack, und sie standen bereitwillig Modell. Einer der Plätze, wo er gern arbeitete, war die Filialkirche Hl. Dreifaltigkeit am Kropfbühel im Ortsteil Oberried – von den Einheimischen kurz »Pestkapelle« genannt.

Ein lauschiger Weg führt entlang des Fischbachs auf eine kleine Anhöhe mit einer fast ebenen Fläche, umgeben von Bäumen. »An dieser sonnigen Mörtelwand der Kirche arbeitete er in der absoluten Stille der Waldeinsamkeit«, erinnerte sich seine Tochter Ila Egger-Lienz später. Über Nacht deponierte der Künstler seine Leinwände und Malutensilien in der Kapelle. Bei der Pestkapelle entstand auch eines seiner berühmtesten Werke, der »Totentanz«, den es in mehreren Ausführungen gibt.

Wer auf dieser Lichtung steht, ahnt, wie anregend diese Umgebung für Egger-Lienz gewesen sein muss. Nichts lenkte ihn von der Arbeit ab, höchstens die Besucher der Kirche. Jahrhunderte zuvor waren hier auf diesem Hügel die Pesttoten der »unteren Dörfer«, also der talauswärts liegenden, begraben worden. Die Längenfelder hatten sich geweigert, diese in ihrer Pfarrkirche aufzubahren und auf dem Friedhof zu beerdigen. 1659–61 wurde hier schließlich eine Kirche errichtet und 1666 eingeweiht.

Adresse Kropfbühel, 6444 Längenfeld | **ÖPNV** Bus 4194, 8352, Haltestelle Kirchplatz | **Anfahrt** A 12, Ausfahrt Haiming / Ötztal, im Kreisverkehr auf B 186 Richtung Sölden, in Längenfeld Zentrum, Fischbach, circa 25-minütiger Spaziergang | **Tipp** Das Thermen- und Wellnesshotel »Aqua Dome« verfügt über eine große Thermenhalle, eine Freilufttherme mit drei »Schalenbecken« sowie 2.000 Quadratmeter Spa-Bereich.

61 Das Schmidlas Haus

Speichern, damit nichts verloren geht

Das Gebäude war in einem erbärmlichen Zustand, als der Ötztaler Heimatverein sich daranmachte, seine Seele freizulegen. Die Grundsubstanz des »Schmidlas Hauses« im Längenfelder Ortsteil Lehn stammt aus der Spätgotik. Das hehre Ziel war, die komplexe Baugeschichte freizulegen und die Bausünden rückgängig zu machen, die in den 1960er und 1970er Jahren begangen worden waren.

Zahlreiche Organisationen und Fachleute machten sich ans Werk. Umbau und Adaptierung übernahm Architekt Benedikt Gratl. Ihm gelang es, dem alten Gemäuer, den Räumen wieder Leben einzuhauchen – der wunderbaren Stube mit dem Kachelofen und der Vertäfelung aus der Zeit um 1813 zum Beispiel oder den großzügigen Mittelfluren. Es gibt nun ein Archiv, eine Bibliothek und viele Möglichkeiten für größere und kleinere Zusammenkünfte. Der ausgebaute Dachstuhl fungiert als Veranstaltungsraum. Das Schmidlas Haus ist als »Gedächtnisspeicher des Ötztals« gedacht, also nicht als Museum, sondern als Ort des Austauschs. Hier soll das kulturelle Erbe des Tals gesammelt und archiviert werden.

Die Historikerin Ingeborg Schmid-Mummert übernahm die Aufgabe, den Gedächtnisspeicher zu füllen. Sie sammelt klassische Archivbestände und verwaltet sie. Dazu kommen audiovisuelle und digitale Sammlungen. Die Bestände wachsen explosiv. Zum einen wurde kaum eine Talschaft Tirols so früh bereist und erforscht wie das Ötztal. Zum anderen gab und gibt es im Ötztal herausragende Persönlichkeiten, die sich intensiv mit Vergangenheit und Zukunft der Region auseinandersetzen. Die Bevölkerung ist eingeladen, sich einzubringen, sich mit anderen auszutauschen, Erinnerungen zu deponieren und anderen zugänglich zu machen. Einen besseren Platz für all das könnte es nicht geben: Das Schmidlas Haus ist Teil eines der letzten intakten Ortskerne im Ötztal – zusammen mit dem »Klausn Haus« und dem Ötztaler Heimat- und Freilichtmuseum.

Adresse Lehn 23b, 6444 Längenfeld/Lehn | **ÖPNV** Bus 4194, Haltestelle Lehner Au | **Anfahrt** A 12, Ausfahrt Haiming/Ötztal, im Kreisverkehr auf B 186 Richtung Sölden, vor Längenfeld rechts nach Winklen abbiegen, Richtung Lehn, der Beschilderung »Heimatmuseum« folgen | **Öffnungszeiten** Info unter www.gedaechtnisspeicher.at, Kontakt unter info@gedaechtnisspeicher.at | **Tipp** Für Wanderer und Kletterer gleichermaßen lohnend ist der Lehner Wasserfall. Entlang des Kreuzweges geht es vorbei an der Zarrachkapelle zum Wasserfall mit Aussichtsplattform. Unmittelbar daneben befindet sich der »Jubiläums-Klettersteig«.

62__Die Jenischen

Kneisesch, Gadsche, d' Jenischen?

Die Geschichte der »Karrner« ist mit dem Tiroler Oberland so verbunden wie die der »Schwabenkinder«. Beide Phänomene erwuchsen aus der Armut, verursacht nicht zuletzt durch die Realteilung. Sie hatte schwerwiegende Folgen für alle Beteiligten: Höfe wurden zersplittert, die Leute mussten mit immer weniger auskommen, bis schließlich jedes »Maul« zu viel war am Tisch. Kinder wurden als Hilfskräfte nach Schwaben geschickt, Männer machten sich auf, um sich mit Kesselflicken, Besenbinden, Korbflechten und anderen Arbeiten den Lebensunterhalt zu verdienen.

Ganze Familien wurden zu Fahrenden. Diejenigen, die ihre Sesshaftigkeit aufgaben, entwickelten eine eigene Lebensweise, eine eigene Sprache. Sie waren Schikanen der Obrigkeit und Verfolgung ausgesetzt. Gemeinsame »Erkennungszeichen« erwiesen sich in dieser Situation als überlebensnotwendig. Jenische heißt so viel wie Eingeweihte.

In einigen Regionen Tirols hießen sie Laninger/Laniger oder Dörcher/Törcher, Kessler/Korber oder Storchen/Störche – oder »Karrner«, da sie ihr Hab und Gut auf einem Karren mitführten. Diese Menschen waren Außenseiter, nirgends willkommen und ihre Nachkommen lange benachteiligt – auch wenn sie sich längst niedergelassen hatten. Erst in den letzten Jahrzehnten erhielt dieses düstere Kapitel der Tiroler Geschichte die Aufmerksamkeit, die es verdient – nicht zuletzt durch den unermüdlichen Einsatz von Romedius Mungenast (gestorben 2006), zweites von elf Kindern einer jenischen Familie, der in Zams wohnte. Auf Schloss Landeck ist den Jenischen – und den Schwabenkindern – ein Ausstellungsbereich gewidmet. Er zeigt eindrücklich, unter welch schwierigen Bedingungen die Jenischen leben mussten, wie sie ihre Gemeinschaft pflegten und wie lange sie Diskriminierung ausgesetzt waren – zum Teil bis in die jüngste Zeit. Kneisesch, Gadsche, d' Jenischen? – Verstehst du Sesshafter mich Jenischen?

Adresse Schlossweg 2, 6500 Landeck | **ÖPNV** Bahn, Haltestelle Landeck, weiter mit Stadtbus 8440, Haltestelle Kirche; Bus 4218, 4220, 4220, 4230, 4232, 4236, Haltestelle Stadtplatz (kleiner Fußmarsch) | **Anfahrt** A 12, Ausfahrt Zams / Landeck, B 171 Richtung Landeck, links abzweigen auf Neues Straßl, weiter auf Fischerstraße, schräg links auf Schulhausplatz und Schlossweg | **Öffnungszeiten** April – Okt. und Dez. – Jan.; Info unter www.schlosslandeck.at, Kontakt unter office@schlosslandeck.at | **Tipp** Bei Schloss Landeck startet eine rund sechs Kilometer lange Etappe auf der berühmten Via Claudia Augusta. Die Wanderung führt vorbei am Weiler Hinterstrengen ins Zentrum von Fließ. Mit dem Bus ist man in 15 Minuten wieder in Landeck.

63 Die Tiroler Edle

Die zarte Seite des Tiroler Grauviehs

Hansjörg Haag hat ein Händchen für süße Sachen. Der Konditormeister in Landeck, der den elterlichen Betrieb 1997 übernommen hat, setzte bei seinen süßen Köstlichkeiten immer schon auf heimische Zutaten. 2001 stellte er mit der Agrarökonomin Therese Fiegl ein ganz besonderes Projekt auf die Beine: die Tiroler Edle. Das Grauvieh, ein robustes, kompaktes, nicht besonders großes Hornvieh, war auf dem Rückzug, und das, obwohl es schon seit 3.000 Jahren in Tirol heimisch sein soll. Gegen die Milchkaiser »Fleckvieh« kam es einfach nicht an. Um den Bauern die Grauviehhaltung schmackhaft zu machen, erfanden die beiden eine Schokolade mit hohem Kakaoanteil sowie Grauviehmilch und -rahm. Speziell waren auch die Füllungen: Ötztaler »Glanen« (Preiselbeeren), Almhonig oder Hochprozentiges vom Stanzer »Zauberer« Christoph Kössler. Die Initiative schlug ein. Nicht nur bei den Bauern und den regionalen Lieferanten, sondern auch bei den Konsumenten. Gab es zunächst drei Sorten »Tiroler Edle«, sind es längst über 40, dazu kommen Pralinen.

25.000 Liter Milch fließen jährlich in die Tiroler Edle. Dazu kommen rund 130 Kilogramm Glanen, weitere Äpfel und Zwetschgen aus Stanz, Marillen aus Prutz, Himbeeren aus Prutz, Schönwies und Pfunds, Johannisbeeren von der Schwester. Wichtig sei nicht, ob die Schokolade handgeschöpft ist, wichtig sei ausschließlich das Material, betont Haag. Die Produkte schmecken niemals gleich, einmal sind die Preiselbeeren eher auf der süßeren Seite, einmal auf der saureren, das hänge vom Sommer ab. »Das zeichnet gute Erzeugnisse aus. Denn ich kann mir sicher sein, dass keine Geschmacksverstärker und Aromen nachhelfen«, sagt Haag. Und weil ihm die Ideen nie ausgehen, hat Hansjörg Haag vis-à-vis seiner Konditorei einen »SchokoLaden« eröffnet. Das Genießerauge schwelgt: leckere Schokoladentrüffel, Edelkaramell und Tiroler Edle in allen Variationen.

Adresse Maisengasse 19, 6500 Landeck | **ÖPNV** Bahn, Haltestelle Landeck, weiter mit Stadtbus 8440, Haltestelle Kirche; Bus 4206, 4218, 4220, 4230, 4232, 4236, Haltestelle Zentrum | **Anfahrt** A 12, Ausfahrt Zams / Landeck, B 171 Richtung Landeck, links abzweigen auf Neues Straßl, weiter auf Fischerstraße, Marktplatz oder Schulhausplatz parken | **Öffnungszeiten** SchokoLaden Mo – Fr 8 – 12, 14 – 18 Uhr, Sa 9 – 12 Uhr; Café-Konditorei Haag Mo – Fr 7.30 – 19, Sa 8 – 12.30 Uhr, Sonn- und Feiertage geschlossen, Kontakt unter schoko-haag@hotmail.com | **Tipp** Das »Alte Stadtkino« wurde in den Jahren 2009 bis 2011 als Veranstaltungszentrum adaptiert. Die Bestandsfassade trägt das Grün der 1920er Jahre, der Schriftzug »Lichtspiele« wurde restauriert, ebenso die Freskofiguren von Erich Torggler.

64 Die Ahornbahn

Einzimmerwohnung für den Aufstieg

In den letzten Jahren wurden zahlreiche Bergbahnen in Tirol auf den neuesten Stand gebracht. Es ging darum, die Kapazitäten zu erhöhen und die Aufstiegshilfen den heutigen technischen Möglichkeiten anzupassen. Dabei spielte auch die Architektur eine Rolle. Eine der stimmigsten Lösungen ist die Ahornbahn in Mayrhofen. Schon die technische Seite ist bemerkenswert. Jede Kabine hat mit 40 Quadratmetern die Größe einer Einzimmerwohnung, und für die gesamte Strecke ist nur eine Zwischenstütze nötig. In knapp sechs Minuten bringt jede Kabine 160 Personen auf das Plateau unter die Ahornspitze, 1.200 in der Stunde. Zum Vergleich: Die alte Ahornbahn transportierte rund 460 Personen pro Stunde. Sie sei die »größte Pendelbahn Österreichs«, vermeldeten die Mayrhofner Bergbahnen bei der Eröffnung.

Tal- und Bergstation der Ahornbahn plante das Architekturbüro Senfter und Lanzinger. Die Talstation, ein länglicher dunkelgrau gefärbter Bau, orientiert sich an der Hangkante. Die Seilbahntechnik befindet sich in einem mit Metallblech verkleideten Aufbau. Für das Verwaltungsgebäude wurde Massivholz aus der Umgebung verwendet. Am Berg galt es, die für den Winterbetrieb notwendige Infrastruktur möglichst unauffällig zu integrieren. Die Anlage wurde in den Felsen hineingebaut. Die verglaste Aussichtslounge »Freiraum« lehnt sich hinaus, eröffnet einen gewaltigen Blick ins Tal und lenkt ihn auf die technischen Finessen dieser Bahn, auf die Zwischenstütze, die alles trägt. Auch hier wurde der durchgängig grau eingefärbte Beton aus dem Aushubmaterial gemischt.

Die Mayrhofner Bergbahnen haben Geschmack an raffinierten Lösungen gefunden. Die neue Penkenbahn ist ein technisches wie architektonisches Gustostückerl. In Sachen Beförderung toppt sie die Ahornbahn: 2.880 Personen hievt sie pro Stunde in luftige Höhen. Die Mayrhofner Bergbahnen sprechen vom »modernsten Seilbahnkonzept der Welt«.

Adresse Ahornstraße 853, 6290 Mayrhofen | **ÖPNV** Zillertalbahn, Haltestelle Mayrhofen; Bus 4104, Haltestelle Rauchenwald | **Anfahrt** A 12, Ausfahrt Zillertal, B 169 bis Mayrhofen, am Ortsende der Beschilderung folgen, links in die Tuxerstraße, dann rechts in die Ahornstraße | **Öffnungszeiten** erste Bergfahrt 8.30 Uhr (ab 25. Dez. 8 Uhr, bis Saisonende), letzte Talfahrt 17 Uhr, Revisionsarbeiten / Schließzeiten verschieben sich, Info unter www.mayrhofner-bergbahnen.com, Kontakt unter info@mayrhofner-bergbahnen.com | **Tipp** Die familiengeführte Erlebnissennerei Zillertal verfügt über eine Schausennerei und einen Schaubauernhof. Im Restaurant gibt es traditionelle Speisen mit Heumilchprodukten und Produkten aus der Region.

65_Das Bischofszimmer

Ein wahrlich malerischer Anblick

Das Widum ist der Stolz der Bevölkerung von Münster: ein würfelförmiges Gebäude mit Walmdach, strenger Fassadengliederung und auffälligen Eingangsportalen. Wer es nicht nur von außen, sondern von innen sieht, weiß, wieso. Insbesondere, wenn der Besucher in den Genuss kommt, das »Bischofszimmer« zu besichtigen. Im ersten Moment fühlt man sich fast erschlagen von der Buntheit, der Pracht, die einem dort entgegenstrahlt.

Die Seitenwände sind mit Leinwandbildern ausgeschmückt. Sie stammen vom Schwazer Maler Christoph Anton Mayr, der für seine schwungvollen Kompositionen und farbenprächtigen Darstellungen bekannt war. Über der Eingangstür ist Christus abgebildet, rechts die Heiligen Franz Xaver, Aloisius und Ignatius, links Franz von Sales und Philipp Neri. An der Wand links vom Eingang finden sich Josef, Antonius, der Evangelist Antonius, Wenzel und Hermengild. An der rechten Wand sind Maria, Johannes Nepomuk und Ivo zu sehen und auf der Fensterseite Gregor, Hieronymus, Ambrosius und Augustinus. Der Raum wirkt fröhlich, lebendig, obwohl er bis auf die Vitrine in der Mitte und einen kostbaren Kachelofen leer ist. Die Darstellung der Heiligen ist ein Verweis darauf, wie gebildet der damalige Pfarrer, Johann Anton Cippiani, war. Er gab die Gestaltung 1764 in Auftrag. Franz Caramelle, ehemaliger Landeskonservator von Tirol, zählt das Bischofszimmer im Widum Münster »zu den prachtvollsten Repräsentationsräumen des Rokoko in Tirol«.

Vom Bischofszimmer aus nicht zu sehen ist der wunderbare Pfarrgarten, der im Zuge der Gebäuderestaurierung ebenfalls revitalisiert wurde. In der Mitte steht ein Springbrunnen umgeben von symmetrisch angeordneten Büschen, Blumen und einem Kräutergarten. Der Trog ist aus dem 18. Jahrhundert und von zwei Eiben gefasst. Dahinter findet sich eine großzügige Streuobstwiese, auf der alte Apfelsorten angepflanzt wurden. Einige sind echte Raritäten.

Adresse Dorf 93, 6232 Münster | **ÖPNV** Bus 4111, 4121, Haltestelle Gemeinde | **Anfahrt** A 12, Ausfahrt Wiesing / Achensee, im Kreisverkehr rechts Richtung Münster, Münster Zentrum, Pfarrkirche | **Öffnungszeiten** Der Widumsgarten ist zugänglich; Besichtigung des Bischofszimmers nur auf Anfrage, Kontakt unter pfarrkirche.muenster@chello.at | **Tipp** Nordöstlich der Pfarrkirche befindet sich ein sogenannter »Obs«, ein überdachter Versammlungsplatz für die Kirchgänger. Errichtet wurde er 1532.

66 Der Harfenbauer

Andere Saiten aufziehen

Die Harfe gehört zu den wichtigsten Instrumenten in der Tiroler Volksmusik. Einer der bedeutendsten Hersteller der Tiroler (Volks-) Harfe, einer Einfachpedalharfe, ist Alexander Kröll in Münster. In seiner Werkstatt duftet es nach Holz. Späne liegen am Boden. Holzstaub wirbelt durch die Luft, während er die Säulen drechselt. Bei der Feinarbeit geht es weniger staubig zu.

Kröll produziert die Kleine Tiroler Harfe mit 36 Saiten, die Tiroler Volksharfe mit 38 Saiten sowie die Große und die Extragroße Tiroler Volksharfe mit 40 beziehungsweise 42 Saiten. Alle haben sieben Pedale. Bei einer Höhe von 169 Zentimetern bringt die Harfe 18 bis 19 Kilogramm auf die Waage. Trotzdem ist sie ein musikalisches Leichtgewicht: Ihr Klang ist fein, zart, viele sagen: himmlisch. So wie die Zither ist die Harfe essenziell für die traditionelle Tiroler Volksmusik.

Alexander Kröll war ursprünglich Tischler und hat das Handwerk von seinem Vater Jakob gelernt, der als Harfenbauer bekannt war. Alles muss passen, damit der Klang stimmt. Das beginnt schon bei der Auswahl der Hölzer. Sie sollten an einem ruhigen Ort wachsen, idealerweise zwischen 800 und 1.000 Metern Seehöhe gelegen, und nicht der Sonne ausgesetzt sein. Ein weiteres Kriterium sind möglichst gleichmäßige Jahresringe und eine lange Lagerung. Kröll hat einen eigenen Trockenraum mit konstanter Luftfeuchtigkeit. Das Holz, das dort liege, reiche locker für die nächsten Jahrzehnte, schmunzelt Kröll. Fichte ist das beste Klangholz, Ahorn das beste für den Hals. Als Erstes nimmt er den Korpus in Angriff, dann den Hals, das Verbindungsstück zwischen Korpus und Säule, die als Letztes hergestellt wird. Sind die Holzteile zusammengesetzt, müssen die Harfen einen Monat ruhen, bevor Kröll die Mechanik einbaut und die Saiten aufzieht. Rund 160 Stunden arbeitet er an einer Harfe, 15 macht er pro Jahr, nur auf Vorbestellung. Die Wartezeit ist lang.

Adresse Habach 147, 6232 Münster | **ÖPNV** Bus 4111, Haltestelle Habach | **Anfahrt**
A 12, Ausfahrt Kramsach / Rattenberg, Richtung Kramsach, Kreisverkehr Richtung
Münster, bei Ortstafel Münster / Habach rechts abbiegen, nach circa 300 Metern links
einbiegen | **Öffnungszeiten** auf Anfrage, Kontakt unter firma@harfenbau-kroell.at | **Tipp**
Im nahen Hagau, das schon zu Kramsach gehört, befindet sich der Museumsfriedhof Tirol.
Die alten Grabdenkmäler sind mit originellen Sprüchen versehen.

67 Das Kurt-Schuschnigg-Grabmal

Glühender Verfechter des Austrofaschismus

Kurt Alois Josef Johann (bis 1919 Edler von) Schuschnigg, wie Kurt Schuschnigg mit vollem Namen hieß, kam 1897 in Riva del Garda zur Welt. Er stammte aus einer altösterreichischen Offiziersfamilie, studierte Rechtswissenschaften und war einer der Architekten des »Ständestaates«. Ab 1927 saß Schuschnigg als Vertreter der Christlichsozialen Partei im Nationalrat in Wien, 1930 gründete er die »Ostmärkischen Sturmscharen«, eine katholische und betont antisemitische Kampftruppe. Zunächst Justizminister, dann auch Bildungsminister, war er Wegbereiter des Austrofaschismus unter Bundeskanzler Engelbert Dollfuß, der die Arbeiteraufstände niederschlug und die Todesstrafe wieder einführte.

Nachdem Dollfuß von einem Nationalsozialisten ermordet worden war, übernahm Schuschnigg im Juli 1934 die Funktion des Bundeskanzlers. Ab 1936 leitete er die österreichische Einheitspartei »Vaterländische Front«. Schuschnigg regierte das Land diktatorisch, politische Gegner ließ er einsperren. 1938 wurde er abgesetzt, an seine Stelle trat der Nationalsozialist Arthur Seyß-Inquart. Am 12. März 1938 marschierte die deutsche Wehrmacht ein, am 13. vollzog Seyß-Inquart den »Anschluss«. Kurt Schuschnigg wurde gefangen genommen. Bis 1945 war er sogenannter »Schutzhäftling«. Kurz vor Kriegsende wurde er zusammen mit anderen Schutz- und Sonderhäftlingen nach Südtirol gebracht, bald darauf im Hotel Pragser Wildsee von den Amerikanern befreit. Nach dem Krieg zog Schuschnigg in die USA, nahm die amerikanische Staatsbürgerschaft an und lebte bis Ende der 1960er Jahre als Professor für Staatsrecht in Missouri. Seine letzten Lebensjahre verbrachte Schuschnigg in Mutters. Für die Aushebelung der Verfassung und seine Taten im Austrofaschismus wurde er nie zur Verantwortung gezogen. Zu seiner Beerdigung 1977 am Friedhof Mutters soll kein Vertreter des Bundes angereist sein.

Adresse Dorfstraße 1, 6162 Mutters | ÖPNV STB, Haltestelle Mutters | Anfahrt A 13, Ausfahrt Innsbruck Süd, B 182 Richtung Mutters, im Kreisverkehr Richtung Mutters, Mutters Zentrum | Tipp Das Gasthaus zum Schupfen an der Brennerstraße ist ein schön renoviertes altes Gebäude, dessen Geschichte bis ins 15. Jahrhundert zurückreicht. Andreas Hofer nutzte es bei der Schlacht am Bergisel 1809 als Kommandozentrale.

68 Die Burgkapelle Aufenstein

Schulbank drücken in der Kapelle

Wer öfter durch das Wipptal fährt, kennt die Kirche St. Kathrein am Eingang des Navistales. Majestätisch steht sie auf einem Felsen neben dem Bach. Kaum zu sehen ist der schmucklose Zubau an der Bachseite. Es handelt sich um die Burgkapelle Aufenstein. Sie ist alles, was von der gleichnamigen Burg übrig blieb, die einst hier thronte und schon im 14. Jahrhundert eine Ruine war. Anfang des 15. Jahrhunderts wurde an die Überreste die Kirche St. Kathrein angebaut. Ab dem 19. Jahrhundert diente die Burgkapelle als Schule, in dieser Zeit wurden Teile der Wandgemälde entdeckt. Nicht ahnend, dass es sich um die wohl bedeutendsten gotischen Fresken Nordtirols handelte, wurde der Raum bis 1952 als Klassenzimmer genutzt.

Erst in den 1980er Jahren erfolgte eine umfassende Renovierung, bei der alle noch existierenden Wandmalereien freigelegt wurden. Seither strahlt der Raum in einnehmender Würde. Es handelt sich um eine zweigeschossige Kapelle mit kleinen Rundbogenfenstern. Im Untergeschoss findet sich eine rundliche Altarnische, im Obergeschoss zwei eckige mit Spitzbogen, darüber eine imposante Balkendecke. Besonders gut erhalten sind die Fresken in der Oberkapelle, die um 1350 aufgetragen wurden. Die Malereien in der Unterkapelle stammen aus der Zeit vor der Weihe 1330. Die Motive im westlichen Bereich haben einen anderen Maler als die an der Süd- und Ostwand. Links vom Eingang sind Fresken aus der Renaissancezeit zu sehen. Sie befanden sich ursprünglich in einer Fensternische in der Oberkapelle und überdeckten frühgotische Malereien. Sie wurden daher abgenommen, auf Platten appliziert und hier angebracht.

Die dargestellten Symbole und Szenerien in der Aufenkapelle zu entschlüsseln, ist eine Herausforderung. Hilfreich ist die Broschüre, die in der Kirche aufliegt. Man könnte Stunden hier verbringen, demütig angesichts so herrlichen Schaffens.

Adresse Filialkirche St. Kathrein, 6145 Navis/Kathrein | **ÖPNV** Bus 8365, Haltestelle St. Kathrein | **Anfahrt** A 13, Ausfahrt Matrei/Steinach, B 182 Richtung Gries am Brenner, gleich rechts Richtung Navis bis St. Kathrein | **Öffnungszeiten** Besichtigung nur nach Vereinbarung, Kontakt unter pfarramt@pfarrematrei.at | **Tipp** Die Filialkirche St. Kathrein, 1404 erstmals urkundlich erwähnt, wurde später barockisiert und ist heute beliebt für Hochzeiten und Taufen.

69__Der Grawa-Wasserfall
So richtig die Lungen durchputzen

Am mächtigsten ist er zur Zeit der Schneeschmelze, also im Frühling. Da stiebt und tobt er über die Felskante, springt und platscht über das Gestein. Tausende Wassertropfen spiegeln sich in der Sonne, glitzernde Schwaden, dass einem die Augen wehtun. Zu übersehen ist der Grawa-Wasserfall nicht und auch nicht zu überhören. Es ist ein angenehmes Rauschen, kein bedrohliches. Er liegt in Ranalt im hinteren Stubaital, Richtung Stubaier Gletscher auf der linken Seite. Seit 1979 ist der Grawa-Wasserfall Naturdenkmal, und er ist Teil des Landschaftsschutzgebietes Serles-Habicht-Zuckerhütl. Gebildet wird er vom Sulzenaubach, dieser wiederum wird gespeist von Sulzenau- und Grünauferner.

Der Grawa-Wasserfall sei der breiteste Wasserfall der Ostalpen, heißt es. Brauchen tut er solche Zuschreibungen nicht. Wohl aber kommt ihm die Inszenierung zugute, die im Rahmen des Wilde-Wasser-Weges gemacht wurde. Am Fuße des Wasserfalls befindet sich eine Holzplattform, mit Respektabstand versteht sich, in leichter Arenaform. Der Besucher fläzt sich auf Holzliegen, blinzelt in die Sonne, schaut den Wassern beim Fallen zu und spürt die Kraft, die von diesem Wasserfall ausgeht. Sie ist Balsam für Seele und Lunge. Wissenschaftlich belegt.

Die Paracelsus Privatuniversität Salzburg hat nachgewiesen, dass sich die Gischt medizinisch positiv auf die Atemwege auswirkt. Die hohe Konzentration an Nano-Aerosolen, also kleinsten Wasserpartikeln in der Luft, verbessert die Reinigung der oberen Atemwege. Eine Stunde sollte man dafür einplanen. Wer also die wissenschaftliche Bestätigung braucht, fühle sich bestätigt.

Spüren tut man aber so oder so, wie das Naserl frei wird und der Rachen. Das Bedürfnis, tief durchzuatmen, kommt ganz von allein – und vergessen sind die zahlreichen Wanderer, die einen neidisch beobachten und ungeduldig darauf warten, dass endlich jemand aufsteht und geht.

Adresse vis-à-vis Grawa-Alm, 6167 Neustift i. St./ Ranalt | **ÖPNV** Bus ST, Haltestelle Grawa-Alm | **Anfahrt** A 13, Ausfahrt Stubaital, B 183 Richtung Neustift, weiter Richtung Ranalt, Wilde-Wasser-Parkplatz bei der Grawa-Alm | **Öffnungszeiten** in schneefreien Zeiten, circa Juni bis Okt.; Info unter www.stubai.at, Kontakt unter info@stubai.at | **Tipp** Die Tschangelair-Alm ist eine Ziegenalm. Hier gibt es Ziegenfrischkäse, ein »Kessel-gulasch« von der Ziege und andere Köstlichkeiten, darunter frische Forellen aus eigener Zucht.

70_Top of Tyrol
Ein Krake, der über dem Abgrund schwebt

Aussichtsplattformen heißen in Tirol »Top Mountain Star«, »Koralle«, »Adlerblick« oder »Big 3« und versprechen weiche Knie, erhöhten Puls und den Megablick. Eine der elegantesten architektonischen Lösungen in Sachen Aussichtsplattform ist »Top of Tyrol« am Stubaier Gletscher.

Sie liegt auf 3.210 Metern, keine zehn Minuten Treppensteigen von der Bergstation Schaufelspitze entfernt, am Grat zum Großen Isidor. Es ist eine filigran anmutende Stahlkonstruktion, die wegen ihrer speziellen Form an einen Kraken erinnert. Wie Tentakel halten sich auf der einen Seite die Stahlarme am Felsen, klammern sich gleichsam ans abschüssige Gelände. Auf der anderen Seite hängt der Körper mit lässigem Schwung weit über die Felskante hinaus über dem Abgrund. Die Aussichtsplattform ermöglicht einen sicheren 360-Grad-Blick auf die Stubaier Alpen, die Dolomiten bis hin zum Ortlermassiv und weiter. Hier lässt sich Unendlichkeit ahnen. 109 Dreitausender sollen insgesamt vom Top of Tyrol aus zu sehen sein – wer zählen mag. Für den erwünschten Nervenkitzel sorgen der Boden aus Gitterrost und das netzumspannte Geländer. Der Handlauf ist aus Lärchenholz.

Während sommers die rostroten Stahllamellen gut sichtbar sind, verschwinden sie winters unter dem Schnee, wodurch die neun Meter auskragende, aus wetterfestem Cortenstahl bestehende Plattform etwas Schwebendes erhält. Aufgrund der exponierten Lage erfolgte die Montage der tonnenschweren Elemente mit dem Hubschrauber, was nicht nur ein hohes Maß an Logistik erforderte, sondern auch eine präzise Vorfertigung der Bauteile. Geplant hat »Top of Tyrol« das Innsbrucker Architekturbüro LAAC. Das deutsche Reisemagazin Geo wählte diese Gipfelplattform unter die zehn besten »Lookouts« weltweit. Sie steht für Geo neben Nervenkitzlern wie dem Wolkenkratzer »The Shard« in London, dem Skywalk im Grand Canyon und dem gläsernen Gang am Tianmen-Berg in China.

Adresse Mutterberg 2, 6167 Neustift i. St./Mutterberg | **ÖPNV** Bus ST, Haltestelle Mutterberg | **Anfahrt** A 13, Ausfahrt Stubaital, B 183 Richtung Neustift, weiterfahren bis Talende, mit der Stubaier Gletscherbahn zum Schaufeljoch | **Öffnungszeiten** erste Bergfahrt 8 Uhr, letzte Talfahrt 16.15 Uhr, Info unter www.stubaier-gletscher.com, Kontakt unter info@stubaier-gletscher.com | **Tipp** Wenige Gehminuten von der Bergstation entfernt steht die Kapelle Schaufeljoch, schlicht in ihrer Ausführung mit großem Panoramafenster, verglastem Eingangsbereich und einem meditativen Innenraum.

71__Obernberger See

Der Zufluss so mystisch wie der Abfluss

Kaum ein Kind aus Innsbruck und Umgebung, das seine ersten Wandererlebnisse nicht auf dem Weg zum Obernberger See gemacht hätte. Der kurze, nur auf einem kleinen Stück etwas mühevollere Steig ist wie gemacht, um in den Kleinen die Liebe für die Bergwelt zu wecken. Zumal die Belohnung eine riesige ist. Das Wasser ist kristallklar und an vielen Stellen so seicht, dass man hemmungslos planschen und platschen kann. Ein Paradies für kleine Forscher und Entdecker.

Eigentlich besteht der Obernberger See aus zwei Teilen. Sie sind nur bei hohem Wasserstand miteinander verbunden. Auf den Überresten des Bergsturzes dazwischen steht die Kapelle »Maria am See«. Der See ist seit 1935 Naturdenkmal, mittlerweile Teil des Landschaftsschutzgebietes Nößlachjoch-Obernberger See-Tribulaune. Er gilt als Kraftort. Nicht zuletzt dazu beigetragen hat, dass Zu- und Abfluss großteils unterirdisch stattfinden. Zwar gibt es Bäche, die in den See münden, doch es sind primär Sickerwässer, die ihn speisen. Ähnlich verhält es sich mit dem Abfluss. Ist die Schneeschmelze stark, rinnt das Wasser am Ausgang durch das Bachbett oder schwappt über. Meistens aber ist dieses trocken, und das Wasser sucht sich seinen Weg auf mysteriöse Weise unter der Erde.

Es gibt niemanden, den dieser See nicht staunen lässt, der nicht immer wieder gern hierherkäme. Das macht ihn zu einem beliebten Ausflugsziel. Vor einigen Jahren wurde das Gasthaus am Obernberger See geschlossen. Die Besitzer wollten es abreißen und durch eine Seminaranlage mit »Refugia« – in die Erde eingelassene Stahltanks als Wohneinheiten – ersetzen. Dagegen protestierten Grundnachbarn, die Fischereigesellschaft Innsbruck als Besitzerin des Sees, Alpenvereine und nicht zuletzt die Architektenschaft, die eine Verschandelung des Gebietes befürchtete. Von »Teletubby«-Architektur war die Rede. Was mit dem Gasthaus geschehen wird, ist noch offen.

Adresse am Ende des Obernberger Tales, 6457 Obernberg am Brenner | **ÖPNV** Bus 4145, Haltestelle Gasthaus Waldesruh / Obernberg | **Anfahrt** A 13, Ausfahrt Nößlach, Richtung Obernberg / Obernberger Tal, bis zum Talende fahren, bei Gasthaus Waldesruh gebühren-pflichtiger Parkplatz; Gehzeit zum See circa 30 Minuten | **Tipp** In Obernberg steht eines der bekanntesten Foto- und Postkartenmotive Tirols: die malerisch auf einem Hügel gelegene Obernberger Pfarrkirche. Sie ist dem heiligen Nikolaus geweiht und wurde 1339 erstmals erwähnt.

72_ Die Glasbläserin

Funktionale Objekte in pfiffigem Design

Die Möglichkeiten des Werkstoffs Glas auszureizen, indem sie praktische und gleichzeitig formschöne Dinge herstellt – Barbara Votik kann sich nichts Schöneres vorstellen. Ihre Ausbildung zur Glasbläserin und Glasapparatebauerin absolvierte sie in der Glasfachschule Kramsach, der einzigen Ausbildungsstätte dieser Art in Österreich. Nach dem Abschluss arbeitete sie als Glasapparatebauerin bei diversen Firmen im In- und Ausland, bevor sie 2005 ihren eigenen Betrieb gründete. Votiks Werkstatt befindet sich im Untergeschoss eines Einfamilienhauses in Obsteig am Mieminger Plateau.

Nach wie vor fertigt sie technische Glasapparaturen für Industrie und Forschung. Ihre kreative Seite lebt sie beim Austüfteln spezieller Glasobjekte aus. Die meisten entstehen, weil Votik sie braucht oder weil sie gern eine smarte Lösung hätte. Mit der Linie »Flora« kreierte sie ihre eigenen Kaffee- und Mokkatassen und dazu passend gleich noch Kaffeelöffel, Zuckerdosen, Zitronensaft- und Milchgefäß. »Yummy bowl« ist ein Snackbehälter, der so gestaltet ist, dass man nicht mit den Fingern in die Box greifen kann, um Nüsse oder Süßkram herauszufischen, sondern sich diese in die Hand schütten muss. Das pfiffig gestaltete Utensil findet reißenden Absatz in der Gastronomie.

Dann wären da noch Votiks bunte Getränkekühler, ebenfalls aus Borosilikatglas gefertigt. Sie wandern vom Gefrierfach direkt ins Glas. »Das Getränk verwässert nicht. Gleichzeitig ist das Produkt formschön und vermittelt, wie stabil Glas ist«, so die Glasbläserin. Eine ihrer jüngsten Erfindungen hat Barbara Votik den »Design-AwardTirol 2014« eingebracht. Der »Schnackör« ist auf der einen Seite Schnaps-, auf der anderen Seite Likörglas – eine Handumdrehung genügt.

Bleibt noch zu erwähnen, dass Barbara Votik Mitglied bei »Design in Tirol« ist, einer Vereinigung heimischer Designer, die neue Pfade im Kunsthandwerk beschreitet.

Adresse Kreidweg 12, 6416 Obsteig | **ÖPNV** Bus 4176, Haltestelle Mooswaldsiedlung | **Anfahrt** A 12, Ausfahrt Mötz / Reutte / Fernpass, Richtung Mieming, im Kreisverkehr auf B 189 Richtung Nassereith / Obsteig, Obsteig Mitte, rechts in Kreidweg | **Öffnungs-zeiten** Do 10–12 und 15–18 Uhr, Fr 10–12 Uhr oder nach Vereinbarung, Info unter www.glashandwerk.com, Kontakt unter info@glashandwerk.at | **Tipp** Die in Privatbesitz befindliche Burg Klamm war Schloss Sonnenstein, als die Fernsehserie »Der Bergdoktor« noch am Mieminger Plateau spielte. Von hier erreicht man binnen weniger Minuten den Wasserfall des Klammbachs.

73 Matthias Bernhard Braun

Ein Bildhauer in Böhmen

Matthias Bernhard Braun (1684–1738) ist der berühmteste Künstler, den die Orte Oetz und Sautens hervorgebracht haben. Oetz und Sautens, weil er in Sautens geboren wurde, Oetz, weil man ihm im dortigen Turmmuseum einen eigenen Raum gewidmet hat.

Schon in jungen Jahren reiste Braun durch Italien. Er besuchte Verona, Florenz, Venedig und Rom, studierte die Werke von Michelangelo und Giovanni Lorenzo Bernini. Auf der Rückreise lernte er den böhmischen Adeligen Franz Anton von Sporck kennen, der seine Karriere entscheidend prägen sollte. 1708 ließ Braun sich in Prag nieder. Dort stieg er binnen kürzester Zeit zu einem der einflussreichsten Künstler des Hochbarocks auf. Den Anfang machte ein Großauftrag: die Gestaltung der Statuengruppe der heiligen Luitgard auf der Prager Karlsbrücke. Weltliche wie geistliche Fürsten waren hingerissen und überhäuften den Künstler mit Aufträgen.

Einer seiner eifrigsten Abnehmer war Graf Sporck, der längst zu Brauns engsten Freunden zählte. Der Künstler schmückte dessen Adelssitze mit Arbeiten, dazu kam eine geradezu extravagante Herausforderung. In Kukus, rund 100 Kilometer nordöstlich von Prag gelegen, besaß Sporck einen Herrensitz. Für diesen beauftragte er Braun mit einer ganzen Serie von allegorischen Plastiken. Dazu kamen die Einsiedlerfiguren, die Braun im unweit von Kukus gelegenen Neuwald realisierte. Er meißelte die überlebensgroßen Reliefs und Plastiken direkt in den Sandsteinfelsen. Die verwitterten Kunstwerke sind noch heute eine Touristenattraktion. Brauns intensives Schaffen forderte Tribut. Er starb im Alter von 54 Jahren an einer Staublunge.

Der Oetzer Forscher und Sammler Hans Jäger hat eine Reihe von Objekten und Dokumenten rund um den Barockkünstler aus dem Ötztal zusammengetragen. Der Gedenkraum im Turmmuseum gibt Einblicke in das Schaffen des Meisters in Böhmen, und vor dem Museum steht die Kopie eines seiner Werke.

Adresse Schulweg 2, 6433 Oetz | **ÖPNV** Bus 4194, 4196, Haltestelle Posthotel Kassl | **Anfahrt** A 12, Ausfahrt Haiming / Ötztal, im Kreisverkehr auf B 186 Richtung Sölden, in Oetz links in Dorfstraße, Richtung Gasthof Stern, weiter auf Schulweg | **Öffnungszeiten** unter www.turmmuseum.at, Kontakt unter info@turmmuseum.at | **Tipp** Der Gasthof Stern gehört zu den schönsten Gebäuden in Oetz, allein schon wegen der aufwendigen Fresken-malereien an der Frontseite. Seine Geschichte dürfte bis ins 13. Jahrhundert zurückgehen, gesichert ist – dank einer Inschrift am Haus – die Zahl 1573.

74_ Der Inntalengel
Gelber Mann kopflos auf Klärwerk

Der Bürgermeister von Brixlegg staunte, wie viele ihn vermissten. Die Anrufer vermuteten einen Vandalenakt, einen Diebstahl gar, und atmeten auf, als er ihnen versicherte, dass der Inntalengel gerade restauriert würde. Alles gut. Als die große Skulptur 1992 auf dem Turm des Klärwerks in Radfeld montiert wurde, bekam der Bürgermeister von Brixlegg auch Anrufe. Was dieses Ding darstellen solle? Wer das zu verantworten habe? Das sei Schrott, tönte es.

Wie bei Neubauten der öffentlichen Hand üblich war damals eine gewisse Summe für »Kunst am Bau« reserviert. Die Bauherren beauftragten den Kramsacher Bildhauer Alois Schild. Er hatte bei Bruno Gironcoli an der Akademie der Bildenden Künste studiert und bereits einige Skulpturenprojekte im öffentlichen Raum durchgeführt. Schild war damals noch nicht so bekannt wie heute, seine Arbeiten aber vereinten schon außergewöhnliche Formen mit augenzwinkernder Poesie. Etwas mehr als zwei Tonnen schwer und sieben Meter hoch war die Poesie, die Schild dem Klärwerk lieferte. Die knatschgelbe Skulptur stellt einen Mann dar, ohne Kopf, mit einem Flugzeug auf dem Rücken und einem Auto in der Hand. Der Künstler hatte unmittelbar Bezug genommen auf das Umfeld: die nahe Autobahn, die Segen und Fluch ist, die Flugschneise über dem Inntal, die Technikversessenheit der modernen Gesellschaft. Er nannte die Figur Inntalengel. Typisch Schild.

Schilds sieht man längst überall in Tirol, in seiner Heimatgemeinde Kramsach natürlich, im Kurpark in Igls oder im Kreisverkehr bei der Ausfahrt Reutte Süd zum Beispiel. Längst ist er international vertreten. Arbeiten von ihm stehen in Korea und Japan, in Frankreich und China. 2015 war er mit aktuellen Werken auf der Biennale in Venedig.

Im Zuge des »Faceliftings« 2015 holten die Klärwerkbetreiber auch das nach, was 1992 versäumt worden war. Alois Schild signierte den Inntalengel – das Wahrzeichen der Inntalautobahn.

Adresse Wies 5, 6241 Radfeld | **ÖPNV** Bus 4074, 4113, 4115, 4121, Haltestelle Radfeld Gemeindeamt (längerer Fußmarsch) | **Anfahrt** A 12, Ausfahrt Kramsach / Rattenberg, Richtung Rattenberg, im Kreisverkehr auf B 171 Richtung Radfeld, in Radfeld Dorfstraße Richtung Inn, rechts auf Innstraße, Richtung Osten parallel zur Autobahn | **Tipp** Das Kundler Tor bildet die Grenze zwischen den Gemeinden Radfeld und Rattenberg. Hier sind auch Reste der Stadtmauer zu sehen.

75__Die heilige Notburga
Kämpferin für Mägde und Knechte

Die heilige Notburga steht prominent in der Fußgängerzone von Rattenberg. Sie ist mit Sichel, Getreidegarbe und Krug dargestellt. Und das ist ihre Geschichte.

Um 1265 in Rattenberg geboren, zeichnete sich Notburga schon früh durch besondere Mildtätigkeit, Duldsamkeit und Glaubensstärke aus. Das Mädchen bekam eine Stelle auf Schloss Rottenburg. Der Dienstherr erlaubte ihr, Speisereste an Bedürftige zu verteilen. Nach seinem Tod wendete sich das Blatt. Der junge Rottenburger und seine Frau verboten Notburga, den Armen zu helfen, und kontrollierten das streng. Als der Dienstherr sie einmal aufhielt, hatten sich die Speisen in ihrer Schürze in Holzspäne verwandelt. So will es die Legende.

Schließlich kam das Mädchen bei einem Bauern in Eben am Achensee unter. Dieser versprach ihr, beim ersten Glockenläuten dürften die Knechte und Mägde die Arbeit niederlegen. Als er das Versprechen brach, warf Notburga ihre Sichel in die Höhe, und diese blieb in der Luft hängen. Auch das will die Legende. Notburga kehrte nun auf die Rottenburg zurück, die mit ihrem Weggehen das Glück verlassen hatte. Die Schlossherrin war früh verstorben, der Burgherr hatte sich in einen Bruderkrieg verwickelt. Und siehe da, der Streit legte sich.

Das dritte Wunder ereignete sich nach Notburgas Tod 1313. Schon geschwächt hatte sie den Wunsch geäußert, man möge ihren Leichnam auf einen Wagen legen, sie wolle dort begraben werden, wo die Zugochsen anhielten. Das taten sie in Eben. Bald setzten Wallfahrten ein. Die Kapelle, in der Notburga beigesetzt war, wurde erweitert, schließlich Notburgas Gebeine exhumiert und als Ganzkörperreliquie in der Kirche aufgebahrt. 1862 bestätigte Papst Pius IX. Notburga offiziell als Heilige. Heute erinnert in Eben neben der Wallfahrtskirche das Notburgaheim samt Museum an die einzige Heilige Tirols. In Rattenberg ist es die schlichte Brunnenfigur unweit ihres Geburtshauses.

Adresse Südtirolerstraße, 6240 Rattenberg | **ÖPNV** Bahn, Haltestelle Rattenberg / Kramsach; Bus 4070, 4074, 4113, Haltestelle Mittelschule Rattenberg | **Anfahrt** A 12, Ausfahrt Kramsach / Rattenberg, Richtung Rattenberg, im Kreisverkehr auf B 171 Richtung Rattenberg, Parkplatz an der West- oder Ostseite | **Tipp** Im Malerwinkel geht ein Lift auf eine Aussichtsplattform. Von dort hat man einen phantastischen Blick auf die Stadt, ihre engmaschige Struktur, und es ist nur mehr ein Katzensprung zur Schlossruine.

76__Die Neue Mittelschule

Allein unter vielen

Die Diskussionen um zeitgemäße Bauweise sind in Tirol ein Dauerbrenner. Besonders sensibel reagieren die Menschen, wenn es um Neubauten in historischem Ambiente geht. Das Neue im Alten zu finden ist dennoch nicht mehr schwer, in Rattenberg ist es eine Herausforderung. Die kleinste Stadt Tirols steht seit 2013 unter Ensembleschutz, das ganze Stadtgebiet ist also als schützenswert ausgewiesen, nicht nur Teile davon. Veränderungen sind mit strengen Auflagen verbunden. Ein Gebäude sticht aus dem ansonsten homogen historisch wirkenden Stadtbild heraus: die Erweiterung der Hauptschule (mittlerweile Neue Mittelschule) in der Klostergasse. Wie ein Finger ragt der Sichtbetonbau aus dem Ensemble heraus. Der einzige zeitgenössische Bau in Rattenberg ist aus einem Architekturwettbewerb hervorgegangen, den der Architekt Daniel Fügenschuh gewonnen hat.

Seit den 1970er Jahren ist die Schule in Teilen des Augustinerklosters untergebracht und längst zu klein. Es war den politisch Verantwortlichen ein Anliegen, die Schule in der Stadt zu halten – aufgrund der beengten Situation befinden sich bereits wesentliche öffentliche Einrichtungen außerhalb der Stadtmauern, der Kindergarten etwa oder die Feuerwehr. Nicht die einzige Herausforderung. Da Rattenberg im Schatten des Schlossberges liegt, scheint mehrere Monate im Jahr keine Sonne. Bei der Planung war es daher zentral, so viel Tageslicht als möglich einzufangen. Fügenschuh löste diese Aufgabe geschickt. Prägnant ist der große verglaste Freibereich auf der Ostseite, der den Bestand mit dem Neubau verbindet. Die Fenster an dessen Südfront geben dem Kubus Durchlässigkeit, ja Leichtigkeit. Weniger leicht nahmen einige Rattenberger und viele Touristen den Eingriff in die historische Substanz. Die Einheimischen haben sich an den Neubau gewöhnt. Detail am Rande: Der Ensembleschutz gilt auch für den Erweiterungsbau Neue Mittelschule.

Adresse Klostergasse 6, 6240 Rattenberg | **ÖPNV** Bahn, Haltestelle Rattenberg/
Kramsach; Bus 4070, 4074, 4113, Haltestelle Mittelschule Rattenberg | **Anfahrt** A 12,
Ausfahrt Kramsach/Rattenberg, Richtung Rattenberg, im Kreisverkehr auf B 171 Richtung
Rattenberg, Parkplatz an der West- oder Ostseite | **Öffnungszeiten** nur von außen zu
besichtigen | **Tipp** In unmittelbarer Nähe findet sich das Augustinermuseum mit dem
Sammlungsschwerpunkt sakrale Kunst aus Tirol. Nicht entgehen lassen sollte man sich
beim Besuch die Dachwerkkonstruktion des Dachbodens und des Kirchturms.

77__Die Bezirkshauptmann-schaft

Ein Papst geht auf Reisen

Es war keine einfache Reise, die Papst Pius VI. 1782 antrat. Sein Ziel war Österreich, war Wien. Mit Joseph II. war in Österreich ein Habsburger an der Macht, der das »Für Gott, Kaiser und Vaterland« auf Kaiser und Vaterland zu reduzieren suchte. Er löste nämlich die Klöster auf, was nicht nur im Vatikan für Missstimmung sorgte, sondern auch in Tirol.

Joseph II. war alles andere als beliebt. Seine an der Aufklärung orientierten Neuerungen in öffentlichen und vor allem auch in religiösen Belangen stießen auf wenig Gegenliebe. Die Tiroler galten nicht nur, sie waren konservativ, sowohl in politischen als auch in religiösen Angelegenheiten. Das Diktat aus Wien nahmen sie zähneknirschend hin. 1789 sollte die Stimmung so explosiv sein, dass die Wiener Beamten, die Joseph II. zahlreich in Ämter in Tirol installiert hatte, einen Aufstand fürchteten. Der sollte wenig später unter den Bayern kommen. Auch Pius VI. stieß beim Kaiser auf Granit. Er nahm die Entscheidung bezüglich der Klöster nicht zurück. Von Wien reiste der Papst weiter nach Bayern und von dort ins Tirolische. In Reutte stieg er im Gasthaus »Zur Gemse« ab, das in der zweiten Hälfte des 18. Jahrhunderts von Joseph Carl Falger am Obermarkt errichtet worden war. 1938 bis 1945 war im ehemaligen Gasthof das Landratsamt untergebracht, seit 1945 ist es Sitz der Bezirkshauptmannschaft. Dahinter wurde vor wenigen Jahren ein Zubau errichtet.

An der Frontseite des Gebäudes erinnert eine Büste an den Besuch des Papstes, der dem Volk am 7. Mai 1782 vom Balkon aus seinen Segen spendete. Dann reiste er über Innsbruck und den Brenner zurück nach Rom. In Schönberg erinnert das sogenannte »Papstl« an die Durchreise des Oberhauptes der katholischen Kirche. Pius VI. war der erste Papst, der Österreich besuchte, sagt die Apostolische Nuntiatur in Österreich. Der nächste sollte Benedikt XVI. sein – im Jahr 2007.

Adresse Obermarkt 7, 6600 Reutte | **ÖPNV** Bus 4250, 4262, 4268, Haltestelle Isserplatz oder Feuerwehr; Bahn, Haltestelle Reutte, weiter mit Ortsbus 1, 3, Haltestelle Feuerwehr | **Anfahrt** A 12, Ausfahrt Mötz / Reutte / Fernpass, Richtung Mieming, im Kreisverkehr auf B 189 Richtung Obsteig / Fernpass, bei Nassereith weiter auf B 179 Richtung Reutte, Ausfahrt Reutte Süd, B 198 Richtung Reutte Zentrum, Obermarkt | **Tipp** Seit November 2013 gibt es in der Tauschergasse die Außerferner Kleinkunstbühne »Die Kellerei«, die das kulturelle Leben des Ortes mit Veranstaltungen bereichert.

BEZIRKSHAUPTMANNSCHAFT

78 Die Südtiroler Siedlung

Zeugnisse eines Umsiedlungsprojektes der Nazis

1939 unterzeichneten Hitler und Mussolini ein Abkommen. Die Südtiroler sollten wählen, ob sie in ihrer Heimat und damit im faschistischen Italien bleiben oder ins Dritte Reich abwandern wollten. Rund 86 Prozent sprachen sich für die »Option« aus (tatsächlich ausgewandert ist letztlich nur ein Bruchteil davon). Für die Optanten wurden in den deutschen Gebieten zwischen 1939 und 1943 sogenannte Südtiroler Siedlungen aus dem Boden gestampft, am Reißbrett entworfen als modulares System, das je nach Lage und Bedarf variiert werden konnte.

In Tirol sind mehr als 30 solcher Siedlungen zu finden. Als bauhistorisch am interessantesten gelten die in Kematen und in Reutte. Während die Siedlung in Kematen einen in sich geschlossenen, kleinstädtischen Charakter aufweist, ist die in Reutte besonders gut erhalten und verfügt über eine große Zahl an zeitgenössischen Fresken. Errichtet wurde sie Anfang der 1940er Jahre nach den Plänen des Stuttgarter Architekten Helmut Eisendle. Die Siedlung ist straßendorfartig angelegt, besteht aus 13 Doppelhäusern, vier Reihenhäusern und einem Einzelhaus. Die vielen originalen Wandmalereien stammen vom Innsbrucker Maler Carl Heinrich Kühn und spiegeln die »Blut-und-Boden«-Ideologie der Nazis: ländlich anmutende, adrette Figuren, tanzend, arbeitend, sich unterhaltend, dazu Runen in den Erkern. Die Südtiroler Siedlungen waren eine bis ins Detail inszenierte Idylle – errichtet großteils von Zwangsarbeitern. Gleichzeitig wurden in Konzentrationslagern systematisch Millionen Menschen ermordet.

Der Druck, diese Südtiroler Siedlungen zu verdichten, ist in den letzten Jahren enorm gestiegen. Das Bundesdenkmalamt wählte zwei Siedlungen für den Denkmalschutz aus, die in Kematen wegen ihrer städtebaulichen Qualität und die in Reutte wegen der Wandbilder. Die Gemeinde Reutte hat den Bescheid des BDA beeinsprucht.

Adresse Wolkensteiner Straße / Südtiroler Straße, 6600 Reutte | **ÖPNV** Bahn, Haltestelle Reutte, weiter mit Ortsbus 3, 4; Bus 4250, 4262, 4268, Haltestelle Abzweigung Ehrenbergstraße oder Isserplatz | **Anfahrt** A 12, Ausfahrt Mötz / Reutte / Fernpass, Richtung Mieming, im Kreisverkehr auf B 189 Richtung Obsteig / Fernpass, bei Nassereith weiter auf B 179 Richtung Reutte, Ausfahrt Reutte Süd, B 198 Richtung Reutte Zentrum, Obermarkt, vor Sparkasse links in die Südtiroler Straße | **Tipp** Reutte ist reich an Wandmalereien unterschiedlicher Epochen. Am Gasthaus Goldene Krone erinnert ein Fresko über dem Eingang daran, dass hier Kaiser Josef II. vom 27. auf den 28. Juli 1777 übernachtete.

79__Die Alte Landstraße
Steinerne Zeugen stehen Spalier

Erst einmal ist nichts dabei. Der Weg zwischen Roppen und Karres ist schmal und asphaltiert, mit ein paar Schlaglöchern und Rissen. Ein Feldweg eben. Wären da nicht diese Steine am Wegesrand im Nordwesten des Ortsteils Trankhütte, aneinandergereiht wie kleine Soldaten. Sie erzählen eine Geschichte.

Einst verlief hier die wichtigste Verkehrsverbindung zwischen Ost und West, die Staatsstraße, die in den Jahren 1719 bis 1728 teilweise neu trassiert und verbessert wurde. 500 Kilometer zogen sich einmal insgesamt durch die Monarchie. Der rund zwei Kilometer lange Abschnitt zwischen den zwei Orten im Tiroler Oberland hat sich erhalten, weil die Bundesstraße weiter südlich verlegt wurde. Bis auf die Asphaltierung ist er der einzige unveränderte Teil in ganz Österreich.

Ein beliebter Spazierweg bei den Einheimischen. Die wenigsten, die in den letzten Jahren auf einem der Bänkchen entlang des Feldwegs saßen, um das Panorama zu genießen, wussten, was es mit den Steinen auf sich hat. Kurt Bubik aus Imst ist es zu verdanken, dass die Alte Landstraße jene Aufmerksamkeit erhielt, die sie verdient. Das Bundesdenkmalamt stellte diesen Streckenverlauf 2014 unter Schutz – einmalig bisher in der Geschichte des Denkmalschutzes in Österreich. Waren Steine früher oft entfernt und für Baumaßnahmen verwendet worden, sind die vorhandenen jetzt erfasst und dokumentiert. Zum Ensemble »Alte Landstraße« gehören noch zwei Brücken. Eine befindet sich am westlichen Ende von Karres und eine an der Grenze zum Gemeindegebiet von Karrösten. Es handelt sich um steingemauerte Bogenbrücken, die Teil eines wahrscheinlich schon zur Zeit der Römer genutzten Fahrweges waren.

Auf dieser Straße transportierten Händler Salz und Erze, hier zogen Truppen durch und kutschierten Reisende auf dem Weg von Ost nach West – vorbei an den Steinen, die heute noch den Weg flankieren.

Adresse Höhe Hausnummer 42/44, 6426 Roppen/Trankhütte | **ÖPNV** Bus 4194, 4196, Haltestelle Trankhütte (Fußmarsch zur Siedlung) | **Anfahrt** A 12, Ausfahrt Imst, im Kreisverkehr auf B 171 Richtung Roppen, in Roppen links abbiegen Richtung Trankhütte, hinter dem gelben Haus im Wald beginnt die Landstraße (alternativ Karres, Höhe Gasthaus Traube, Richtung Osten) | **Tipp** Im Ortsteil Lehne steht das ebenfalls denkmalgeschützte ehemalige Umspannwerk der Arlbergbahn. Es wurde von Clemens Holzmeister geplant und in den Jahren 1922 bis 1924 errichtet.

80__Die Mautstelle

Alle wollen durchs Nadelöhr

Bei ihrer Eröffnung war die Brennerautobahn Symbol für die Verbindung der Völker Europas »in Frieden und Freiheit«. Sie sollte das Zusammenwachsen fördern und den Austausch – ein rundum positives Ding. Die Tiroler Bevölkerung, die Einwohner von Schönberg sahen das genauso. Letztere hatten gar erwirkt, dass die Trasse geändert wurde und nun unmittelbar am Ort vorbeiführte. Die Schönberger erhofften sich eine wirtschaftliche Belebung des Ortes und mehr Tourismus. Viele Jahre dauerte es, bis die Autobahn durch das Wipptal komplett fertiggestellt war. 1959 erfolgte der Spatenstich für das Baulos Innsbruck/Süd-Schönberg inklusive Europabrücke. Vier Jahre später fand die Eröffnung statt. 1968 wurde auf österreichischer Seite das letzte Teilstück der Brennerautobahn dem Verkehr übergeben. Die Bevölkerung jubelte, die Politik sowieso.

Heute ist die Brennerautobahn die meistbefahrene Strecke der Alpen, ist Inbegriff des »Transitproblems« – und im Zentrum die Mautstelle Schönberg. Ab 1. Jänner 1968 begann hier die Bemautung, angelegt auf elf Abfertigungspuren. Mittlerweile ist sie die größte Mautstelle Österreichs mit insgesamt 26 Abfertigungspuren. Sie beschäftigt 63 Mitarbeiter, in Stoßzeiten bis zu 100. 2014 passierten 12,5 Millionen Fahrzeuge die Mautstelle Schönberg, davon 1,9 Millionen Lkw und Busse. 2013 waren es insgesamt 12,2 Millionen, davon 1,8 Millionen Lkw und Busse. Zum Vergleich: 1969 zählte man 2,7 Millionen Fahrzeuge, davon 160.000 Lkw und Busse. Um die enormen Zahlen zu bewältigen, setzte man hier schon früh auf innovative Techniken: Videomaut gibt es an der Mautstelle Schönberg seit den 1990er Jahren und seit 2014 zwei Videomautspuren. 1993 diente die Mautstelle Schönberg als Filmkulisse für »Mautplatz«, einen Film von Christian Berger und Werner Sallmaier. Auch im Film war nichts mehr zu spüren von der einstigen Euphorie über die Brennerautobahn.

Adresse Brennerautobahn 4, 6141 Schönberg i. St. | **ÖPNV** Bus ST, 4140, Haltestelle Ortsmitte | **Anfahrt** A 13, Ausfahrt Schönberg/Stubaital, links Richtung Schönberg Zentrum, rechts in Kirchgasse, bis zum Ende durchgehen (Beschilderung Gleins, Waldweg Mieders), Fußgängerübergang über die Mautstelle | **Tipp** Vom Fußgängerübergang Mautstelle Schönberg führt ein Wanderweg nach Gleins und weiter zu den Eulenwiesen, die zauberhaft in einem Lärchenwald oberhalb des bekannten Ausflugsgasthofes Gleinserhof liegen.

81__Das Ruetzkraftwerk

Strom wird gemacht

Das Ruetzkraftwerk am Ende des Tales hinter der Stephansbrücke bei Schönberg ist imposant und einschüchternd: umzäunt und videoüberwacht, kein Weiterkommen. Errichtet wurde das »Rutzkraftwerk«, wie in alter Schreibweise immer noch auf dem Gebäude steht, in den Jahren 1909 bis 1912 von Josef Riehl. Er hat auch die Mittenwaldbahn gebaut, die Bahn zwischen Innsbruck, Seefeld und Garmisch-Partenkirchen, die wegen ihrer verwegenen Trassenführung ein technisches Denkmal ersten Ranges ist. Für diese Bahn lieferte das Ruetzkraftwerk die Energie.

Das Gebäude zeugt von der damaligen Ehrfurcht der Menschen vor dieser Kraft. Es handelt sich um einen fast sakral anmutenden Bau mit einer stark geometrischen Gliederung der Fassade. Er besteht aus der Maschinenhalle im hinteren Bereich, daran angeschlossen sind das Schalthaus und das Transformatorenhaus, seitlich entlang führt ein Nebentrakt.

Als die Österreichischen Bundesbahnen 1983 in Fulpmes ein neues Kraftwerk errichteten, hatten sie keine Verwendung mehr für das an der Ruetz. Die Innsbrucker Stadtwerke (heute Innsbrucker Kommunalbetriebe, IKB) meldeten Interesse an, da das Ruetzkraftwerk seit Beginn hydraulisch mit dem Sillkraftwerk verbunden war, das der IKB gehörte.

1984 kauften sie das Ruetzkraftwerk und betreiben es seither. In enger Kooperation mit dem Bundesdenkmalamt hat die IKB das mittlerweile denkmalgeschützte Gebäude restauriert. Neben anderen historischen Gerätschaften findet sich in der Maschinenhalle noch der aus dem Jahr 1912 stammende Generatorsatz M1. In einen Science-Fiction-Film der 1960er oder 1970er Jahre versetzt fühlt sich der Besucher, wenn er die ehemalige Schaltzentrale im ersten Stock betritt. Sie ist, wie vieles hier, zwar nicht mehr in Betrieb, führt dem Besucher aber eindrücklich vor Augen, wie sich die Technik entwickelt hat, wie imposant Stromerzeugung war – und ist.

Adresse Ruetzwerkstraße 8, 6141 Schönberg/Unterberg | **ÖPNV** Bahn, Haltestelle Unterberg/Stephansbrücke; Bus 4140, Haltestelle Gasthaus Stefansbrücke, circa 30 Minuten Fußmarsch | **Anfahrt** A 13, Ausfahrt Innsbruck Süd, auf B 182 Richtung Brenner, beim Gasthaus Stefansbrücke rechts abzweigen, der schmalen Straße bis zum Ende folgen (Beschilderung beachten) | **Öffnungszeiten** Die IKB bietet Führungen für Gruppen an, Kontakt unter kundenservice@ikb.at. | **Tipp** Die Stephansbrücke ist die größte erhaltene Steinbrücke Österreichs und steht unter Denkmalschutz. Den Grundstein für die Einbogenbrücke legte 1843 Erzherzog Stephan, nach dem sie benannt ist.

82_Die Wittingwarte

Ein Gefühl von Weite im Ort

Aussichtspunkte sind Anziehungspunkte. In Tirol, wo der Blick von hohen Bergen begrenzt wird – und oft nicht nur von diesen –, wird der Blick von oben ganz besonders gesucht. Im 19. Jahrhundert, als der Tourismus seine erste Blüte erlebte, waren Aussichtstürme in den Sommerfrischeorten sehr beliebt. In Schönberg ist einer erhalten, der den Charme jener Epoche erlebbar macht.

Alois Witting, Besitzer der ehemaligen Pension Jägerhof, hat die nach ihm benannte Wittingwarte 1890 errichtet, in wirklich bemerkenswerter Lage. Von hier sieht man bis zum Stubaier Gletscher, man hat die gewaltige Nordkette vor Augen, Teile des Ober- und des Unterinntals und des Wipptals. Bei ihrer Errichtung soll die Wittingwarte einen 360-Grad-Blick ermöglicht haben, heute ist der in den Süden durch hohe Bäume verdeckt, was dem Gefühl der Weite, der Erhabenheit, ja einer gewissen Grenzenlosigkeit keinen Abbruch tut.

Bei der Aussichtsplattform handelt sich um einen zweigeschossigen Holzbau auf gemauertem Sockel, darüber ein sogenanntes Schopfwalmdach, das weit auskragt. Das Bauwerk ist dem »späthistorischen Heimatstil« verpflichtet. Holzsäulen mit Kopfbändern, gesägte Balustraden sowie die Dachform sind charakteristisch dafür. Laut Bundesdenkmalamt ist die Wittingwarte das früheste und einzige erhaltene Beispiel für diesen Bautyp in Tirol. Beinahe wäre dieses kulturhistorisch bedeutende Objekt verloren gegangen. Als die Besitzer des Grundstücks 1988 eine Umwidmung des Geländes in Bauland beantragten, war die Wittingwarte in einem desolaten Zustand. Das Bundesdenkmalamt verhinderte den Abriss und schaffte es schließlich, Bauherrn und Gemeinde vom Wert dieses Bauwerks zu überzeugen. Die Wittingwarte wurde restauriert, und seit 1996 steht sie der Allgemeinheit wieder als Aussichtsplattform zur Verfügung. Wer hier heroben steht, kann nur sagen: Es wäre schade gewesen darum. Ewig schade.

Adresse circa Parkweg 10, 6164 Schönberg i. St. | **ÖPNV** Bus ST, 4140, Haltestelle Ortsmitte | **Anfahrt** A 13, Ausfahrt Schönberg/Stubaital, links Richtung Schönberg Zentrum, links in Parkweg, fußläufig Beschilderung folgen | **Tipp** Die Goetheruhe in der Römerstraße erinnert an den Aufenthalt des Dichters 1786 anlässlich seiner Italienreise. In Schönberg soll ihm die Verszeile »Über allen Gipfeln ist Ruh« eingefallen sein. Reizvoll ist die Schöberlkapelle davor.

83__Das Blaue Haus

Über Holzquader gehen

Das Zentrum von Schwaz vermittelt eindrücklich, wie bedeutend diese Stadt im Mittelalter war. Der Erzabbau machte sie groß und reich. Ganz Europa blickte damals auf diesen Ort in den Tiroler Bergen. Nicht leicht, den Blick für Details zu bewahren und trotzdem zu empfehlen.

Das »Blaue Haus« zum Beispiel in der Franz-Josef-Straße, die bis zur Stadterhebung 1899 Obere Markstraße hieß. Die Inschrift am Erker besagt, dass Kaiserin Maria Theresia dem Gasthof »Blaues Haus« am 5. Oktober 1743 die »Gastgerechtsame« verlieh, die Berechtigung, Gäste zu bewirten und zu beherbergen.

Blau ist das Haus nicht mehr, und auch die Funktion ist eine andere. Auf einem großen Schild steht »Wohnkultur Arthur Graf Haus der Mode«. Darüber hängt ein fein gearbeitetes Wirtshausschild. Ein kleiner Elefant hebt seinen Rüssel, und in seiner Satteldecke findet sich das Monogramm AG, ein Verweis auf den Teppichhändler Arthur Graf, der hier sein Geschäft hatte. Markant ist der große Torbogen, nicht minder die aus Holzquadern bestehende Pflasterung, die den Blick in die Tordurchfahrt lenkt. Links prangt eine Ansicht der Pfarrkirche mit Häuserfront und Fuhrwerk davor, darunter das Schwazer Wappen mit gekreuztem Schlägel und Eisen.

Nicht entgehen lassen sollte man sich den Innenhof, wo neben den malerischen Arkadengängen des Hauses schmiedeeiserne Türen und Wappensteine beeindrucken. Einst befanden sich hier die Stallungen sowie die Unterstände für Kutschen und Fuhrwerke. Man würde sich nicht wundern, plötzlich Pferdegetrappel zu hören, wäre da nicht das farbenprächtige Fresko des 1990 verstorbenen Schwazer Künstlers Fred Hochschwarzer, das den Besuch Kaiser Maximilians I. in Schwaz im Jahr 1493 aufgreift. Die Augsburger Handelsfamilie Fugger, die in der Silberstadt kräftig mitmischte, gehörte zu den Finanziers des Habsburgers. Nicht nur einmal half sie ihm aus der Bredouille, sie machte ihn sogar zum Kaiser.

Adresse Franz-Josef-Straße 12, 6130 Schwaz | **ÖPNV** Bahn, Haltestelle Schwaz;
Bus 4111, 4119, 4123, 4125, Haltestelle Steinbrücke | **Anfahrt** A 12, Ausfahrt Schwaz,
B 171 Richtung Schwaz/Zentrum, links in Franz-Josef-Straße | **Tipp** Die Pfarrkirche
Maria Himmelfahrt ist die einzige vierschiffige Kirche Europas. Das Kirchendach ist mit
über 14.000 Kupferplatten bedeckt.

84__Die Galerie der Stadt Schwaz

Ein guter Boden für ganz Neues

Schwaz ist ein gutes Pflaster für Zeitgenössisches. Mit der Eremitage hat die Unterländer Gemeinde das wohl älteste alternative Kulturzentrum Tirols, mit den Klangspuren ein international renommiertes Festival für zeitgenössische Musik und mit der Galerie der Stadt Schwaz einen bemerkenswert auf zeitgenössische Kunst abonnierten Ausstellungsraum.

1992 gegründet, ist die Stadtgalerie, wie sie der Einfachheit halber gern genannt wird, in ihrem Werdegang eng mit einem Namen verbunden: Vera Vogelsberger. Die gebürtige Schwazerin und Mitarbeiterin an der Universität für Angewandte Kunst in Wien übernahm die Leitung der Galerie 1994. Sie machte diese zu einem Zentrum für Zeitgenössisches, das weit über die Orts-, ja die Landesgrenzen hinauswirkte. Vogelsberger hatte ein untrügliches Gespür für junge Talente und holte Künstler nach Schwaz, die Jahre später ihren internationalen Durchbruch hatten. Und sie präsentierte vielversprechende Tiroler Künstler, Eva Schlegel etwa oder Peter Kogler. Parallel zu innovativen Ausstellungsinhalten forcierte sie den theoretischen Diskurs über Kunst. Die Galerie wurde zu einem inspirierenden und fruchtbaren Ort des Austauschs für Kunstschaffende. Vogelsberger leitete die Galerie vier Jahre, prägte deren Ausrichtung aber so maßgeblich, dass das 20-Jahr-Jubiläum 2014 ihr zu Ehren unter dem Titel »Vogelsbergeriana« lief. »Wir wollen zeigen, welches Kraftfeld hier entstanden ist, wie sich die Galerie geformt hat«, erklärte Cosima Rainer, Leiterin der Galerie der Stadt Schwaz anlässlich der Ausstellungseröffnung.

Die kleine Galerie in historischem Ambiente hat sich als Ort für zeitgenössische Kunst etabliert. Hier lassen sich spannende künstlerische Positionen kennenlernen. So etwa in der Ausstellung »Seeing the Contemporary« (im Bild) von Anne Speier: Die Arbeiten sind speziell für die Galerie der Stadt Schwaz entstanden.

Adresse Franz-Josef-Straße 27, 6130 Schwaz | **ÖPNV** Bahn, Haltestelle Schwaz; Bus 4111, 4119, 4123, 4125, Haltestelle Steinbrücke | **Anfahrt** A 12, Ausfahrt Schwaz, im Kreisverkehr B 171 Richtung Schwaz / Zentrum, links Franz-Josef-Straße | **Öffnungszeiten** Mi – Fr 14 – 18 Uhr, Sa 10 – 15 Uhr beziehungsweise ausstellungsbezogen, an Feiertagen geschlossen, Info unter www.stadtgalerieschwaz.at, Kontakt unter office@galeriederstadtschwaz.at | **Tipp** Das nicht weit von der Galerie der Stadt Schwaz situierte Rabalderhaus ist Sitz des Museums- und Heimatschutzvereins Schwaz mit angeschlossenem Museum.

85 Der Silberwald

Organischer Skulpturenpark mit mystischem Klang

Wer mit dem Keltischen nicht vertraut ist, muss sich erst schlau-machen. Loorien, erklärt Armin Wechselberger, sei eine Abwandlung des keltischen Wortes für heiliger Wald. Einen solchen heiligen Wald, einen Silberwald, hat er im Schwazer Ortsteil Ried, unter dem Eiblschrofen, geschaffen.

Die Idee, einen mystischen Garten anzulegen, trieb Wechselberger schon lange um. Zur Jahrtausendwende initiierte er das Kunst- und Kulturprojekt »Millennium«. Unterhalb der Schutzmauern am Eiblschrofen begann er, Millenniumsbäume zu pflanzen, also Baumarten, die älter als 1.000 Jahre werden, dazu exotische Gewächse. Nicht bei allen Schwazern stieß das Vorhaben auf Zustimmung. Um seinen Park anzulegen und mit Werken unterschiedlicher Künstler zu bestücken, rodete und entwässerte er Teile des Waldes. Wechselberger ließ sich von der Kritik nicht beirren. 2003 fand die Eröffnung des »work in progress« statt.

Der Silberwald ist ein arkadischer Hain geworden, den zu durchwandern ein Genuss ist. Man stößt auf den Hof der Ahnen mit dem Felsenthron, wo für jeden verstorbenen Silberwaldfreund ein Menhir errichtet wird, und das Keltenwaldforum, in dessen Zentrum eine Druidenbaumsäule mit Bronzekapitol steht. Der Elfenkristalldom wiederum ist aus Weidenzweigen gestaltet, in seiner Mitte steht ein Elfenthron, und in der Kuppel funkeln Kristalle. Im Reptilienland, einer großen aus Steinen geformten Skulptur, sollen sich heimische Echsen ansiedeln. Im Werden ist auch das Turmbaumhaus. 17 Rotbuchen sind kreisförmig angeordnet, die Äste werden so gelenkt, dass ein Spiralnetzwerk entsteht. In dessen Krone soll ein Turmzimmer für Denker und Denkerinnen eingerichtet werden. Und das sind nur ein paar der Stationen.

Der Silberwald ist ein phantastischer Ort, der sich ständig verändert, weiterwächst. Er kann eine mystische Entdeckungsreise sein, er kann aber auch einfach nur eine Entdeckung sein.

Adresse oberhalb Ried 4–8, 6130 Schwaz/Ried | **ÖPNV** Bahn, Haltestelle Schwaz, weiter mit Stadtbus 2, Haltestelle Friedhof | **Anfahrt** A 12, Ausfahrt Schwaz, im Kreisverkehr auf B 171 Richtung Buch, Kreisverkehr Richtung St. Martin, am Friedhof vorbei Richtung Ried, Beschilderung Silberwald folgen, Parkplatz vor Schranke | **Öffnungszeiten** frei zugänglich, Armin Wechselberger bietet Führungen an, Kontakt unter info@schwazersilberwald.at | **Tipp** Das von Gert Chesi gegründete Museum der Völker in St. Martin ist das einzige Völkerkundemuseum Westösterreichs. Der Ausstellungsbereich wurde vor Kurzem neu adaptiert.

86__Das Hotel Berghof
Die Fensterrahmen bitte himmelblau

Das Hotel Berghof in Seefeld ist ein Schmuckstück. 1929 beauftragte der Hotelier Ferdinand Woldrich den Innsbrucker Architekten Siegfried Mazagg mit der Planung eines Hotels in Seefeld. Großzügig sollte es sein, gemütlich und modern. Der Bauplatz lag auf einem idyllischen Flecken am Rand des Ortes. Mazagg plante und baute in geradezu rekordverdächtiger Zeit. Im Juli 1930 begannen die Bauarbeiten, im Dezember fand die Eröffnung statt.

Das Gebäude beeindruckte schon damals durch die klare Trennung: unten heller, rauer Verputz, erster Stock Balkonreihe, zweiter dunkles Holz und als Blickfang strahlend blaue Fensterrahmen. Die waren von der Bauordnung vorgeschrieben. Der sanft gebogene Baukörper gewährleistete, dass den ganzen Tag über Sonne auf die Frontseite fiel. »Fesselt schon die Architektur der Fassade, so sind auch sämtliche Innenräume von dem künstlerischen Geist des jungen Architekten gestaltet und erfüllt«, stand anlässlich der Eröffnung am 24. Dezember 1930 in den Innsbrucker Nachrichten. Der Autor war beeindruckt nicht nur vom Farb- und Formempfinden Mazaggs, das sich in den Einbaumöbeln ebenso spiegelte wie in den Lampen und Sitzmöbeln, sondern auch von den Zimmern, die hell und freundlich wirkten.

Als Gesamtkunstwerk vom Pultdach bis zum Lesesessel präsentiert sich das Hotel Berghof noch heute. Mittlerweile unter Denkmalschutz, haben es die Besitzer behutsam renoviert, ohne auf zeitgemäße Infrastrukturen zu verzichten. Der größte Teil der Innenausstattung, die Mazagg eigens für das Hotel entworfen hat, ist erhalten und wurde restauriert. Speisesaal, Rezeption, Stiegenaufgang oder Salon – die Räume beeindrucken durch ein harmonisches Zusammenspiel von Kolorit, Formen und Materialien. Dazu die großzügigen Fensterfronten, die herrliche Ausblicke ermöglichen. Gegen das Hotel Berghof schaut manch zeitgenössischer Bau in Tirol alt aus.

Adresse Milserstraße 201, 6100 Seefeld | **ÖPNV** Bahn 6, Haltestelle Seefeld; Bus 4184, 4186, Haltestelle Bahnhof/Terminal | **Anfahrt** A 12, Ausfahrt Zirl Ost/Seefeld, B 177 Richtung Seefeld/Garmisch, Ausfahrt Seefeld Mitte, im Kreisverkehr auf Andreas-Hofer-Straße, links in die Milserstraße | **Öffnungszeiten** von außen zu besichtigen, innen auf Anfrage, Kontakt unter info@hotelberghof.com | **Tipp** Die Streckenführung der Mittenwaldbahn von Innsbruck über Seefeld nach Garmisch-Partenkirchen ist atemberaubend, eine Anreise mit der Bahn also sehr zu empfehlen.

87__Das Schloss

Vom Märchen zur Pleite ist es nicht weit

Am Anfang standen Superlative und Prominenz Spalier. Kein Geringerer als der damalige Tiroler Landeshauptmann Wendelin Weingartner nahm für den Spatenstich die Schaufel in die Hand. Erwin Seelos, zu dieser Zeit Bürgermeister von Seefeld, und Hannes Seyrling, Initiator des Großprojekts, lachten in die Kamera. Die Rede war von einem »Konzept der Superlative«. Es ging um das »weltweit größte Kindererlebnisschloss«, »das größte in diesem Jahrhundert gebaute«, »größer und romantischer als die meisten bekannten Burgen aus dem Mittelalter«. Heißen sollte es Playcastle.

Auf einer Gesamtfläche von 12.000 Quadratmetern entstand binnen eines Jahres eine mittelalterlich anmutende Burg mit Zinnen und Türmchen. 1999 fand die Eröffnung des »Infotainmentcenters« statt. Es beherbergte Rittersaal und Karibikwelt, Weltraumanimation und Skatebahn, eine Spielzeugwelt, ein Kino und zahlreiche Shops. Die Betreiber rechneten mit jährlich 220.000 Besuchern und mit 66 Millionen Euro Umsatz im ersten Jahr. Um den erwarteten Ansturm zu bewältigen, baute man eine eigene Zufahrt.

Die Hypo Tirol Bank überzeugte das Konzept, und sie stieg mit 11,6 Millionen Euro ein. Kurz nach der Eröffnung schlitterte das millionenschwere Projekt in eine ebenso millionenschwere Pleite. Nur ein Jahr nach der Eröffnung war das interaktive Erlebnisschloss Geschichte.

Seyrling und die Landesbank verloren einen gewaltigen Batzen Geld. Letztere musste zudem schauen, wie sie die »Problemimmobilie« loswurde. Seither haben diverse Betreiber mit diversen Konzepten ihr Glück versucht und sind gescheitert. Zuletzt machte das Playcastle im Frühling 2015 von sich reden. Ein Bodyguard- und Schießkurs sollte dort stattfinden, wurde aber abgeblasen. Ansonsten ist es ruhig geworden um das »Infotainmentcenter«, wie es die Welt noch nie gesehen hat. Das Märchenschloss aus Beton und Pappmaschee dämmert vor sich hin.

Adresse Am Schlossberg, 6100 Seefeld | **ÖPNV** Bus 8354, Haltestelle Rosshütte, circa 20 Minuten Fußweg | **Anfahrt** A 12, Ausfahrt Zirl Ost / Seefeld, B 177 Richtung Seefeld / Garmisch, am Nordende von Seefeld, rechter Hand Am Schlossberg | **Öffnungszeiten** nur von außen zu besichtigen | **Tipp** Die türmchenbewehrte, längst aufgelassene Bahnhaltestelle, wenige Gehminuten hinter dem Playcastle gelegen, war die erste in Tirol, die den Namen einer touristischen Einrichtung erhielt.

88_Der Wildsee

Fische fischen für den Kaiser

Um den Seefelder Wildsee, der ein beliebter Badesee ist, führt ein Pfad, der in historischer sowie naturwissenschaftlicher Hinsicht interessant ist. Wie das südlich anschließende Reither Moor war der Wildsee ursprünglich ein Moorsee. Lange hieß er »Lampretensee«, und das hing mit Kaiser Maximilian I. zusammen. Der Habsburger war leidenschaftlicher Jäger und Fischer. Die Lamprete, auch Bachneunauge genannt, ist ein mittlerweile seltener aalförmiger Speisefisch und galt zu Kaisers Zeiten als Delikatesse. Im Wildsee wurde sie gezüchtet.

Es gibt mehrere Seen in Tirol, in denen Kaiser Maximilian Fischpopulationen einbringen ließ, insbesondere Saiblinge und Forellen. Als Sensation ging der Gossenköllesee im Sellraintal durch die Medien. In dem auf über 2.400 Metern Seehöhe liegenden Gewässer tummeln sich Bachforellen. Diese haben allen Widrigkeiten getrotzt und sich dem Umfeld perfekt angepasst. Der Tiroler Fischereiverband sieht es als seine Aufgabe, diese »Urforelle« zu züchten und wieder in den heimischen Gewässern anzusiedeln.

Ähnliches wünscht sich der Fischereiverein »Kaiser Maximilian Seefeld« für den Lampretenfisch und den Wildsee. Allerdings haben sich die Verhältnisse verändert. »Durch den Bau der Straßen und der Eisenbahn wurde seinerzeit der natürliche Filter des Sumpfes durch einen Bachzulauf in den Wildsee geöffnet. Aus dem Moorsee wurde ein Sedimentsee«, erklärt Michael Prachensky vom Seefelder Fischereiverein. Da Bachneunaugen eine schlammig kiesige Umgebung benötigen, ist davon auszugehen, dass sie unter den gegebenen Bedingungen nicht überleben würden.

Anderen Wasserbewohnern wie Seeforelle, Zander, Hecht, Rotauge und Flusskrebs behagen die Verhältnisse – noch. Die zunehmende Verlandung des Wildsees gefährdet die Fischpopulationen und den Badebetrieb. Eine »Sanierung« des Gewässers ermöglicht es vielleicht auch, die gefährdete Lamprete wieder anzusiedeln.

Adresse Höhe Strandbad Strandperle, Innsbrucker Straße 500, 6100 Seefeld | **ÖPNV** Bahn, Haltestelle Seefeld Bahnhof; Bus 4184, 4186, Haltestelle Bahnhof / Terminal | **Anfahrt** A 12, Ausfahrt Zirl Ost, B 177 Richtung Seefeld, Ausfahrt Seefeld Süd Richtung Zentrum / Mösern, Höhe Seebad Strandperle, gebührenpflichtige Parkplätze | **Tipp** Das vom Innsbrucker Hofbaumeister Christoph Gumpp errichtete »Seekirchl« gilt als Wahrzeichen Seefelds. Bei seinem Bau stand es in einem künstlich angelegten See. Es gibt Pläne, diesen wieder anzulegen.

89_Die Imperialgerste

Arme-Leute-Essen war sie gestern

Die einen mögen ertragreicher sein, die Fisser Imperialgerste aber verfügt über innere Werte. Sie liebt hohe Lagen, ist extrem robust und resistent gegen (fast) alle Krankheiten, die moderne Getreidesorten befallen. Sie ist zudem vielseitig in der Verwendung: als Grundlage nahrhafter Speisen, als Zutat für herzhaftes Brot, für Bier und sogar Whisky.

Die Edelbrenner Gerhard Maas aus Prutz und Christoph Kössler zaubern herrliche Tröpfchen aus der Fisser Gerste, die Brauerei Zillertal Bier ein kräftiges Bier. Das verhilft der zweizeiligen Sommergerste mit schwalbenschwanzförmigen Grannen zu einer Renaissance, mit der selbst die nicht gerechnet hätten, die für ihre Wiederentdeckung gesorgt haben.

Der Fisser Bauer Karl Röck züchtete diese besondere Gerste in den 1930er Jahren. Als die »Fisser Gerste« beziehungsweise »Fisser Imperial« allerdings aus der österreichischen Sortenliste verschwand, baute sie niemand mehr an. Sie war vergessen, bis Christian Sturm, Bauer in Untertösens, Herbert Röck, Sohn des »Gerstenpioniers«, und ein paar andere Bauern im »Obergricht« auf die Idee kamen, die Gerste wieder anzupflanzen. Sturm konnte kein Saatgut finden und kontaktierte Christian Partl von der Tiroler Genbank. Dort werden seit Jahrzehnten über 1.000 alte Tiroler Nutzpflanzen erhalten, darunter auch das gesuchte Getreide.

2013 übergab er Sturm 60 Kilogramm Imperialgerste, der Anbau konnte beginnen. Mittlerweile beteiligen sich rund zehn Bauern in der Region am Projekt. Das Interesse sei gewaltig, sagt Sturm, auch bei den Konsumenten. Die lange als »Arme-Leute-Essen« verpönte »Gerstelsuppe« wird als regionale Spezialität wieder salonfähig und hält Einzug in den Nobelrestaurants. Auf Sturms Hof in Untertösens können Interessierte im Sommer jeden Freitag zuschauen, wie unter anderem aus Fisser Imperialgerste herrlich duftendes Brot gebacken wird, und es natürlich auch verkosten.

Adresse Untertösens 1, 6541 Serfaus/Untertösens | **ÖPNV** Bus 4218, 4220, Haltestelle Gemeindeamt Tösens, rund 20 Minuten Fußmarsch nach Untertösens | **Anfahrt** A 12, Ausfahrt Reschenpass/Meran, B 180 Richtung Reschen, Abfahrt Tösens, auf Dorfstraße bis zum Gemeindeamt, dort rechts abzweigen und der Beschilderung »Gerti's Ladele« folgen | **Öffnungszeiten** Brotbacken immer Fr Juni–Sept., Kontakt Christian Sturm unter Tel. 0043/(0)664/2607180 | **Tipp** Von Tösens führt eine kurze Wanderung auf steilem Gelände zum romanischen St.-Georg-Kirchlein. Auf dem Rückweg lohnt ein Abstecher zur alten Steinbogenbrücke, in der Gegend Römerbrücke genannt.

90__Die U-Bahn

Luftkissenweich durchs Dorf bugsiert

In Österreich gibt es genau zwei Orte, in denen U-Bahnen fahren: die Bundeshauptstadt Wien und Serfaus im Tiroler Oberland. Kein Wunder, dass die Einweihung der Serfauser U-Bahn im Dezember 1985 enormes Echo auslöste. Damit war den Serfausern gleich zweierlei gelungen: den Verkehr im Ort zu reduzieren und international für Schlagzeilen zu sorgen. Bis heute gilt sie als Sensation. Mit 1.280 Metern Länge ist sie angeblich die zweitkleinste U-Bahn der Welt.

Die Idee entstand aus der Not. Serfaus hatte sich zur begehrten Winterdestination entwickelt. Die vielen Autos verstopften die engen Gassen, und der Verkehr stand still, die Serfauser Dorfstraße ist nämlich eine Sackgasse. Die »Arge Serfaus« beschloss, am Dorfeingang eine Schranke aufzustellen und davor einen großen Parkplatz zu errichten. Weder Touristiker noch Touristen waren allerdings glücklich, da sie ihre Sachen nun schleppen sollten. Also ging die Arge einen Schritt weiter. Um die Massen ruckzuck vom Dorfanfang bis zur Talstation der Seilbahn Komperdell am Ende zu bringen, verlegte sie den Transport unter die Erde.

Die fahrerlose Bahn hält an insgesamt vier Stationen (Parkplatz, Kirche, Zentrum, Seilbahn), die Fahrzeit je Richtung beträgt sieben Minuten, die Höchstgeschwindigkeit 40 Stundenkilometer. Die zwei Waggons transportieren bis zu 2.000 Menschen in der Stunde, durchschnittlich rund 830.000 Leute jährlich. Beim ersten Mal beschleicht einen ein eigenartiges Gefühl: Sitzt man drin, kommt so etwas wie Großstadtfeeling auf, steigt man aus, steht man mitten in einem Bergdorf. Für die Serfauser und ihre Stammgäste ist die U-Bahn längst eine Selbstverständlichkeit.

Genau genommen ist die Serfauser U-Bahn übrigens eine Luftkissenschwebebahn. Aber wen interessiert das? – Am wenigsten die, die hier in ein paar Minuten bequem das ganze Dorf durchqueren, ohne Stress, ohne Stau und kostenlos.

Adresse Dorfbahnstraße, 6534 Serfaus | **ÖPNV** Bus 4236, Haltestelle Parkcafé | **Anfahrt**
A 12, Ausfahrt Meran / Reschenpass, B 180 Richtung Reschen, Ausfahrt Prutz, Richtung
Serfaus / Fiss / Ladis, weiter Richtung Serfaus / Parkplatz | **Öffnungszeiten** Sommer- und
Winterfahrplan unter www.serfaus-fiss-ladis.at, Kontakt unter info@skiserfaus.at | **Tipp**
Der Kirchturm der im gotischen Stil errichteten Pfarrkirche »Maria Himmelfahrt« steht
frei. Es handelt sich um einen »campanile«, wie er besonders in Italien häufig zu finden ist.

91 Das Auguste-Piccard-Denkmal

Ein Ballon plumpst auf den Gletscher

»Unbegreiflich, dass der Ballon nicht sinken will«, schrieb der Schweizer Physiker Auguste Piccard ins Bordbuch. Da waren er und sein Assistent Paul Kipfer schon zehn Stunden unterwegs, in einer Sphäre, in die bis dahin noch kein Mensch vorgedrungen war – die Stratosphäre. Groß war das Interesse der Medien. Beim Start in Augsburg waren sie belagert worden, bevor sie in die Kapsel gestiegen waren und sich vom Boden entfernt hatten.

Zuerst war alles glattgelaufen, dann jedoch verhinderte ein Defekt, dass die hermetisch abgeschlossene Kabine sank. Auf 15.000 Metern Höhe. Gegen Abend machte sich Verzweiflung breit bei den beiden, der Sauerstoff wurde knapp, und sie konnten nichts tun. Als sie merkten, dass die Kapsel langsam zu sinken begann, war die Erleichterung zuerst groß, dann wuchs die Sorge. Sie befanden sich über den Alpen, die Gefahr, abzustürzen, war enorm, zumal die Kapsel sich immer schneller und schneller Richtung Erde bewegte, ja stürzte. Sie landete hart, aber die Forscher hatten Glück: Der Gurgler Gletscher hatte sie aufgefangen. In Obergurgl verfolgte der »Jakoben Hansl« das Spektakel am Himmel mit Staunen. Unübersehbar das große gelbe Ding, das da runterkam. Was zum Teufel war das? Tags darauf machten sich drei Männer auf zum Gletscher und begleiteten die zwei Fremden ins Dorf. Die Nachricht, dass der berühmte Auguste Piccard am Gurgler Gletscher gelandet war, verbreitete sich in Windeseile. Journalisten reisten an, belagerten den kleinen, verschlafenen Ort und machten ihn weltberühmt.

Der 27. Mai 1931 ging in die Geschichte ein. Das 1989 errichtete Piccard-Denkmal erinnert an die Notlandung von Auguste Piccard und seinem Assistenten Paul Kipfer. Piccard notierte bezüglich der Landung im Bordbuch: »Schönes, unbekanntes Hochgebirge, Gondel und Ballon liegen auf einem Gletscher.«

Adresse Dorfzentrum Obergurgl, 6450 Sölden / Obergurgl | **ÖPNV** Bus 4194, Halte-
stelle Obergurgl Zentrum | **Anfahrt** A 12, Ausfahrt Haiming / Ötztal, im Kreisverkehr auf
B 186 Richtung Sölden, weiter Richtung Timmelsjoch, rechts nach Obergurgl abzweigen |
Tipp Die Timmelsjoch-Hochalpenstraße gehört zu den schönsten der Alpen. An fünf
Stationen (Steg, Schmuggler, Passmuseum, Fernrohr und Granat), der »Timmelsjoch
Erfahrung«, gibt es Interessantes zu Geschichte, Wirtschaft, Kultur und Natur.

92 _ Die Gletscherstraße

007 kratzt die Kurve

Die Aufregung war groß: James Bond wird kommen. Die Produktionsfirma fand das Gletscherrestaurant »Ice Q« am Gaislachkogel, diesen Kubus aus Glas, Stahl und Beton, wie gemacht für das neue Bond-Abenteuer »Spectre«. Also raste James Bond, alias Daniel Craig, 2015 bei den Dreharbeiten für »Spectre« über den Rettenbach- und Tiefenbachferner, über die Ötztaler Gletscherstraße und durch den Gletschertunnel.

Die Gletscherstraße zweigt am Ende von Sölden rechter Hand ab und führt circa 13 Kilometer hinauf zum Rettenbach- und weiter zum Tiefenbachferner. Die durchschnittliche Steigung beträgt elf Prozent, die größte 13 Prozent. Die Straße ist so breit, dass sie auch für Schwerfahrzeuge befahrbar ist. Was winters eines der schönsten Skigebiete Tirols ist, gleicht sommers einer Mondlandschaft. Schroffe, abschüssige Felsformationen dominieren, grau in grau mit den asphaltierten Straßen, die Übergänge oft nur schwer auszumachen. Dazu ein Gletscher, der im Sonnenlicht irisierend leuchtet, so stark, dass einem die Tränen kommen. Teile des gar nicht ewigen Eises sind mit Planen bedeckt, um sie vor genau der Sonne zu schützen, die alle Urlauber sich wünschen, zu jeder Jahreszeit.

Winters ist die Mautstraße gesperrt, sommers kommen die Gäste mit Bus, Auto, Motorrad oder Rad die kurvenreiche Strecke herauf bis zum Gletschergebiet. Für Rekordjäger ist die Gletscherstraße ein Muss. Gleich drei spektakuläre Dinge bieten sich dem Besucher hier: Am Ende der Rettenbachfernerstraße steht er am höchsten Straßenpunkt Europas. Fährt er durch den 1,8 Kilometer langen Rosi-Mittermeier-Tunnel zum Tiefenbachferner, hat er das Gefühl, dem Himmel entgegenzusteuern, und er passiert den höchstgelegenen Straßentunnel Europas.

Und jetzt war auch noch James Bond da und lieferte sich eine Verfolgungsjagd. Richtig spektakulär natürlich mit demolierten Autos und Hubschraubern, die in Flammen aufgingen.

Adresse Ötztaler Gletscherstraße, 6450 Sölden | **ÖPNV** Bus 8404, Haltestelle Rettenbachferner | **Anfahrt** A 12, Ausfahrt Haiming / Ötztal, im Kreisverkehr auf B 186 Richtung Sölden, Ortsende Sölden rechts auf Ötztaler Gletscherstraße (mautpflichtig) | **Öffnungszeiten** circa Anfang Juni bis Mitte / Ende Nov. (witterungsabhängig), Betriebszeiten Mautstelle 8–16 Uhr, Info unter www.soelden.com, Kontakt unter bergbahnen@soelden.com | **Tipp** Für Bergfexe bietet sich der »Fünf-Seen-Weg« an. Startpunkt ist der Gaislachkogl. Der Weg führt über den Gaislachsee und den Petzner See zum Speichersee Tiefenbach, dann weiter zum Schwarzsee und dem Speichersee Rotkogl.

93_Das Rudolf-Gomperz-Denkmal

Kein schönes Land

Rudolf Gomperz (1870–1942), Tourismuspionier in St. Anton am Arlberg, wurde in einem Lager in Minsk ermordet, weil er Jude war. Jahrzehnte sprach in St. Anton niemand über ihn oder wenn, dann nur leise. Dabei ist der Aufstieg St. Antons zu einer der bekanntesten Wintersportdestinationen in den Alpen eng mit dem Namen Rudolf Gomperz verknüpft. Er war Obmann des Ski-Clubs Arlberg, und als Hauptausschussmitglied des Österreichischen sowie Vorsitzender des Mitteleuropäischen Skiverbands bewarb er die Region intensiv. Zusammen mit dem Skilehrer und Skischulgründer Hannes Schneider entwickelte er die heute weltberühmte Arlberg-Skitechnik. All das war vergessen, als die Nazis einmarschierten, auch in St. Anton. Gomperz wurde deportiert und ermordet.

Erst Mitte der 1970er Jahre durchbrach der St. Antoner Hobbyhistoriker Hans Thöni das Schweigen. Seine Artikelserie über den Tourismuspionier Gomperz sorgte für Kontroversen im Ort und erregte die Aufmerksamkeit des bekannten Tiroler Dramatikers Felix Mitterer. Er verarbeitete Gomperz' Lebensgeschichte im Theaterstück »Kein schöner Land«, das 1987 am Tiroler Landestheater uraufgeführt wurde. Ein bedrückendes Stück, das zeigt, wie sich die Stimmung gegenüber dem »Judenpack« im Dorf verändert und der einst angesehene Visionär um Hab und Gut gebracht wird. 2001 nahm die Kulturinitiative »Arlberger Kulturtage« ihr 10-Jahr-Jubiläum zum Anlass, an Rudolf Gomperz zu erinnern. Sie führte »Kein schöner Land« auf, gestaltete eine Ausstellung und organisierte eine Podiumsdiskussion. 1995 würdigte die Gemeinde St. Anton ihren bedeutenden Mitbürger mit einem Denkmal. Es steht im Park neben dem Heimatmuseum, gegenüber dem von Hannes Schneider. Dieser war dem Schicksal Gomperz' entronnen, indem er in die USA emigrierte. Dort machte Schneider Karriere als Entwickler des Skigebiets North Conway.

Adresse Rudi-Matt-Weg 10, 6580 St. Anton am Arlberg | **ÖPNV** Bus 4242, Haltestelle Terminal West / Rendlbahn | **Anfahrt** A 12/S 16, Richtung Arlbergtunnel, kurz davor Ausfahrt St. Anton / Arlbergpass, Richtung St. Anton, im Kreisverkehr an Rendlbahn rechts vorbei, Zufahrt zum Matt-Weg ausschließlich für Anrainer | **Öffnungszeiten** Der Park ist öffentlich zugänglich; Museumsöffnungszeiten unter www.museum-stanton.at. | **Tipp** In St. Anton findet sich eine ganze Reihe Beispiele qualitätsvollen zeitgemäßen Bauens, so etwa die Rendl- und die Galzigbahn, das Kirchenzentrum KIZ in der Marktstraße oder das Hotel Anton im Kandaharweg.

94___Die Inschriften

Kein flottes Rätselraten auf Rätisch

Als sie 1957 entdeckt wurden, waren Ur- und Frühgeschichtsforscher überrascht – in mehrfacher Hinsicht. Seit 100 Jahren war in Tirol keine rätische Inschrift mehr entdeckt worden. Zudem handelte es sich um eine relativ umfangreiche, und sie war an einem Ort zum Vorschein gekommen, wo niemand sie vermutet hätte: in Steinberg am Rofan, auf 1.500 Metern Seehöhe, unter dem Schneidjoch und damit weitab der rätischen »Stammlande« Südtirol und Trentino. Der Fund untermauerte den wissenschaftlichen Ansatz, dass sich Räter auch im Nordtiroler Raum aufgehalten hatten.

So groß die Freude über die Entdeckung der Inschrift, so schnell die Ernüchterung. Die Entschlüsselung der in Stein gemeißelten Zeichen wollte und wollte nicht gelingen. Rasch kam die Vermutung auf, es handle sich um ein Quellheiligtum. Befand sich die Inschrift doch an einem Höhleneingang und in unmittelbarer Nähe zu einer Quelle.

Der wertvolle Fund beschäftigte nicht nur die Wissenschaft, auch Hobbyforscher machten sich an die Lösung des Rätsels. Einige Wanderer konnten es sich nicht verkneifen, ihre eigenen Zeichen im Stein zu hinterlassen, weswegen die rätischen Inschriften mittlerweile hinter dicken Eisenstäben gesichert sind.

2006 gelang dem in Wien tätigen Sprachwissenschaftler Stefan Schumacher, was bisher niemandem gelungen war. Er knackte einen Teil der 2000 Jahre alten Inschrift und entschlüsselte die Namen der Handelnden, nämlich Kastrie Etunnu (Kastrie, Sohn des Etunnu), Ritauie Kastrinu (Ritauie, Sohn des Kastrie) und Esimne Kastrinu (Esimne, Sohn des Kastrie). Die vier Hauptzeilen besagen laut Schumacher also, dass der Räter Kastrie Etunnu und seine Söhne am Schneidjoch im Rofan etwas ausgeführt haben. Was sie ausgeführt haben, ist weiter offen. Die meisten Forscher interpretieren die Handlungen in Richtung Opfer für einen Quellgott. Vielleicht steckt aber auch etwas ganz anderes dahinter.

Adresse unter dem Schneidjoch, 6215 Steinberg am Rofan | **ÖPNV** Bus 7801, Haltestelle Abzweigung Gufferthütte | **Anfahrt** A 12, Ausfahrt Achensee/Wiesing, im Kreisverkehr auf B 181 Richtung Achensee/Achenkirch, nach Achenkirch rechts Richtung Steinberg am Rofan, linker Hand Parkplatz Köglboden (Beschilderung Gufferthütte/Geopfad), Wanderung circa 2 Stunden | **Tipp** Die Gufferthütte bietet bodenständige, saisonale Küche. Der Weg dorthin führt durch Teile des »Bayerischen Wildalmfilzes«.

95__Maria Brettfall

Ein weißer Tupfer in der Felswand

Die Wallfahrtskirche Maria Brettfall leuchtet weiß auf einem Fels-
kopf hoch über der Gemeinde Strass im Zillertal. Das ist eine Ein-
ladung. Der Aufstieg gestaltet sich etwas stramm, dauert dafür aber
nur eine halbe Stunde. Zur Belohnung gibt es bei der Ankunft auf
der Aussichtsplattform noch einmal erhöhten Puls. Der Blick von
Maria Brettfall ins Zillertal, ins Unterinntal und hinauf Richtung
Achensee ist eine Wucht. Die Teufelskanzel auf der Achenseestraße
bietet ein ähnlich herrliches Panorama, Maria Brettfall ist gut besucht, aber nicht so touristisch.

Erstmals erwähnt wurde die ehemalige Einsiedelei im Schwazer Bergbuch 1536. Das Kirchlein war ursprünglich aus Brettern
errichtet, erst 1711 wurde es gemauert. Im Innern finden sich –
im rechten Eck des Chorraums in einem schönen barocken Glas-
schrank – die Reliquien des heiligen Secundinus. Sehenswert auch
die große Krippe, die das ganze Jahr über ausgestellt ist. Die Jau-
senstation war einst die Behausung des Einsiedlers. Als Erster zog
»Stoff« Weymoser 1539 hier ein, um sein Leben in Abgeschieden-
heit zu leben. Im Zuge der Säkularisierung unter Kaiser Franz Josef
II. wurde Maria Brettfall 1786 aufgelöst, dann noch einmal unter
der bayerischen Besatzung. Dem Eremiten Franz Margreiter gelang
es beide Male, die behördliche Schließung rückgängig zu machen.
Der »Brettfallfranzl«, wie ihn die Bevölkerung nannte, betätigte sich
darüber hinaus als Kupferstecher und schuf zahlreiche Objekte religiösen Inhalts. Der Einsiedler kam 1829 bei einem Brand ums
Leben. Die ehemalige Einsiedelei wird seit Jahrzehnten als Jausen-
station betrieben.

Einige Rätsel gibt übrigens der Name Maria Brettfall auf. Nicht
geklärt ist, ob er vom Lateinischen prae vallum, also »vor dem Damm«
beziehungsweise »Wall«, stammt oder von super vallem, was »über
dem Tal« heißt. Sicher ist, dass schon bei der ersten Nennung von
Maria am Brettfall die Rede war.

Adresse Maria Brettfall, 6261 Strass im Zillertal | **ÖPNV** Bahn, Haltestelle Strass i. Z.; Bus 8329, 8330, Haltestelle Strass i. Z./Bahnhof | **Anfahrt** A 12, Ausfahrt Zillertal, B 181 Richtung Zillertal, abzweigen auf B 171 Richtung Strass, in Strass durch den Ort Richtung Zillertal, kurz nach dem Bahnübergang rechts zum Parkplatz Maria Brettfall (ist beschildert), Wanderung circa 30 Minuten | **Öffnungszeiten** unter m.brettfall@gmail.com | **Tipp** Ein echtes Erlebnis nicht nur für Nostalgiker stellt die Fahrt mit dem Dampfzug ins Zillertal dar. Jeden Sommer fährt er die Strecke von Jenbach bis Mayrhofen.

96 Felixé Minas Haus

Der Nachttopf ist im Kastl

Seinen ungewöhnlichen Namen verdankt »Felixé Minas Haus« zwei
Personen: Felix Schmid und seiner Tochter Wilhelmina, die als Letzte hier wohnte und von allen nur Mina genannt wurde. Zu ihren Lebzeiten hieß das Haus noch »Bei Zobls Felix«, Schmid hatte in die
Familie Zobl eingeheiratet. Von 1698, dem Jahr, in dem es errichtet
wurde, bis 1990, als Mina starb, war das Haus immer in Familien-
besitz. 300 Jahre. Wer durch Felixé Minas Haus geht, sieht, was das
Besondere hier ist: Das Inventar der letzten Bewohnerin ist noch da
und gibt Einblicke in die Lebenswelt einer begüterten bürgerlichen
Familie in Tannheim.

Der Besucher wird in die Zeit zurückgeführt, als in jedem Zimmer
noch eine Waschschüssel mit Krug stand, die Bettdecke bestickt und
der Nachttopf im »Kastl« integriert war. Die Stube im Klassizismus,
der Gaden (Elternschlafzimmer) im Historismus; die Biedermeier-
betten und das Musikzimmer im ersten Stock zeigen: Hier wohnte keine bäuerliche Familie, hier wohnte eine bürgerliche Familie in
bäuerlichem Umfeld.

Anstatt sich neu einzurichten, in den Jahrzehnten, in denen sie
allein im Haus lebte, hatte Mina die Erinnerung an ihre Eltern ge-
pflegt, indem sie die alten Möbel, das Inventar pflegte und nur dort
Adaptierungen vornahm, wo es unumgänglich war. Dadurch ist
ein Geist erhalten geblieben, den kein Geld der Welt museal schaffen kann, eine Lebendigkeit, die anrührt und staunen macht. Der
Charme von Felixé Minas Haus wird noch gesteigert durch Stasi
Wassermann. Sie wohnt gegenüber und führt ehrenamtlich durch
das Gebäude. Sie kannte Mina noch persönlich, weiß eine Menge
Anekdoten zu erzählen und tut das gern.

Felixé Minas Haus wurde im Zuge der Adaptierung als Museum
vom Architekten Richard Freisinger um ein Kulturzentrum erweitert mit Proberäumen für die Musikkapelle, Bücherei, Büroräumen,
Bauernladen und einem multifunktionalen Mehrzweckraum.

Adresse Höf 6, 6675 Tannheim | **ÖPNV** Bus 4262, Haltestelle Kreisverkehr oder Gemeindeamt | **Anfahrt** A 12, Ausfahrt Mötz/Reutte/Fernpass, Richtung Mieming, im Kreisverkehr auf B 189 Richtung Nassereith/Obsteig, bei Nassereith weiter auf B 179, Ausfahrt Reutte Süd, B 198 Richtung Lechtal/Tannheimer Tal, im Kreisverkehr auf B 199 Richtung Tannheim, bis Tannheim Zentrum | **Öffnungszeiten** Besichtigung ist nur mit Führung möglich, Führungen jeden Di und Fr um 16 Uhr, für Gruppen auch nach Vereinbarung, Kontakt: Stasi Wassermann unter info@wassermann.at | **Tipp** Der Vilsalpsee liegt in einem Natur- und Vogelschutzgebiet umgeben von Bergen und ist leicht zu erwandern. Die Zufahrt mit Autos ist nur morgens bis zehn und abends ab 17 Uhr gestattet.

97 Das Neunerköpfle

Aufs größte Gipfelbuch kritzeln

Manchmal muss es ein Klassiker sein. Das Neunerköpfle in Tannheim ist einer. Es liegt auf 1.862 Metern Höhe, und der Genusswanderer fährt bequem mit der Bahn bis knapp unter den Gipfel, also das Köpfle. Von der Bergstation sind es rund 15 Minuten Gehzeit. Wer mehr Zeit mitbringt, wählt die längere Route. Sie dauert etwa eine Stunde, das Gipfelkreuz wird von der anderen Seite eingenommen – zwei Kilometer, die sich lohnen.

Auf den letzten Metern fest im Blick hat der Wanderer dann das Gipfelbuch. Gipfelbücher gehören zur Standardausrüstung bei Gipfelkreuzen, sind meist in kleinen Blechkisten untergebracht, erzählen einem, wer alles schon da war, und einiges mehr. Köstlich zu lesen so mancher Eintrag, einige wollen literarisch höher hinaus. In Zeiten vor GPS und Handy dienten sie auch dazu, Vermisste aufzuspüren: Wer im Hochalpinen unterwegs war, notierte neben dem Gruß auch die Route zurück, damit er im Notfall gefunden wurde.

Das Gipfelbuch am Neunerköpfle soll das größte Gipfelbuch der Alpen sein. Es steht etwas unterhalb des Gipfelkreuzes, ist drei Meter hoch, die beiden Seiten sind je 2,30 Meter breit. Will man sich verewigen, kann es sein, dass man die bereitgestellte Leiter besteigen muss, um ein freies Plätzchen zu finden. An die Stelle von Papier ist beschreibbare Folie getreten, die mittels Kurbelmechanismus gerollt werden kann. Kein Kugelschreiber mehr, sondern große, wasserfeste Stifte.

Diese Attraktion allein ist es nicht, die einen aufs Neunerköpfle lockt. Tatsächlich ist das Panorama, das sich einem hier eröffnet, gigantisch. Das Wettersteingebirge, die Allgäuer Alpen, die Lechtaler Alpen, von leicht geschwungen bis markant und spitz ist alles zu sehen in der 360-Grad-Drehung.

Immer noch ein Klassiker, aber eine sportliche Herausforderung ist das Neunerköpfle, wenn der Wanderer nicht in die Bahn steigt, sondern vom Tal heraufmarschiert.

Adresse Bergstation Neunerköpfle, 6675 Tannheim / Oberhöfen | **ÖPNV** Bus 4262, Haltestelle Kreisverkehr | **Anfahrt** A 12, Ausfahrt Mötz / Reutte / Fernpass, Richtung Mieming, im Kreisverkehr auf B 189 Richtung Nassereith / Obsteig, bei Nassereith weiter auf B 179, Ausfahrt Reutte Süd, B 198 Richtung Lechtal / Tannheimer Tal, im Kreisverkehr auf B 199 Richtung Tannheim, Bergbahn gleich am Ortseingang linker Hand | **Öffnungszeiten** Bergbahn täglich 8.45 – 16 Uhr, Info unter www.tannheimer-bergbahnen.at, Kontakt unter info@tannheimer-bergbahnen.at | **Tipp** Das sanierte Frühmesserhaus aus dem Jahr 1695 dient heute als Veranstaltungs- und Ausstellungsraum »Raiffeisen Galerie Augenblick«. Der Fokus liegt auf Gegenwartskunst, daneben Lesungen, Vorträgen und Kleinkunst.

98__Franz de Paula Penz

Streitbarer Kirchenmann mit Visionen

Telfes und Franz de Paula Penz (1707–1772), das war keine einfache Beziehung. Der »Priesterarchitekt« war ständig auf Baustellen unterwegs. 20 Kirchen tragen seine Handschrift. Der Barockisierung der Pfarrkirche in Arzl 1735 folgten Kirchenbauten im Wipptal, im Stubaital, in Innsbruck und Umgebung. Mit der Wiltener Basilika in Innsbruck schuf er eine der schönsten, wenn nicht die schönste Rokokokirche Tirols.

Kaum war er 1753 als Pfarrer nach Telfes gekommen, wälzte er Pläne, die Telfer Kirche neu zu gestalten. Die Bevölkerung war alarmiert. Es war bekannt, dass unter seiner Hand die Baukosten explodierten. Zudem schien den Telfern ihr Gotteshaus in respektablem Zustand. Um einen Neubau zu erzwingen, soll de Paula Penz das gotische Gewölbe eingeschlagen haben. Ob das stimmt, sei dahingestellt. Der Priester setzte sich durch, die Telfer beobachteten Kosten und Baufortschritte mit Argusaugen. Er schenkte ihnen dafür ein lichtes Gebäude. Die Fresken führte Anton Zoller aus, der sich mit seinem Sohn und dem Pfarrer im Innern verewigte. Vor dem Altarraum links oben blickt de Paula Penz zwischen den beiden durch in seine Kirche und auf seine Schäfchen.

Um die Kirchenbauten zu finanzieren, sammelte de Paula Penz unermüdlich Geld. Eine Gruppe Spenderinnen scharte sich um ihn. Die »Penzinnen« sorgten für heftige Spekulationen. Als er im Ortsteil Gagers einen Hof errichtete, in dem die ledigen Penzinnen in fast klösterlicher Gemeinschaft lebten, war der Skandal perfekt. De Paula Penz ließ sich nicht unterkriegen. Das Anwesen sollte der Absicherung der Penzinnen dienen. Um seine Schulden zu tilgen, wurde das Gebäude nach seinem Tod allerdings verkauft.

Beigesetzt ist Penz in seiner Kirche in Telfes. Bei Grabungen 2004 kamen, neben einer vorrömischen Apsis, Priestergräber zum Vorschein, darunter das von Franz de Paula Penz – dem Priesterarchitekten aus Telfes.

Adresse Pfarrkirche Telfes, 6165 Telfes i. St. | ÖPNV STB, Haltestelle Telfes | Anfahrt A 13, Ausfahrt Stubaital / Schönberg, B 183 Richtung Neustift, rechts nach Telfes bis Telfes Zentrum, neben der Kirche, kaum Parkplätze | Öffnungszeiten Die Kirche in Telfes ist untertags zugänglich; das Haus in Gagers ist in Privatbesitz und nicht zugänglich. | Tipp Der Greifvogelpark in Telfes widmet sich seit über 20 Jahren der Aufzucht, aber auch der Pflege von kranken oder verletzten Greifvögeln. Von Mitte Mai bis Mitte Oktober finden hier Flugvorführungen statt.

99 Die Telfer Wiesen

Zauberhafte Landschaft und herrliche Farbenspiele

Im Frühling leuchten ihre neuen Spitzen neongrün, im Sommer beeindruckt sie in sattem Grün, im Herbst hüllt sie sich in ein goldgelb bis ockerfarben leuchtendes Kleid, trumpft noch einmal richtig auf, »brennt« förmlich, bevor sie sich in ein gräulich braunes Skelett verwandelt – die Lärche. Als Einziger der heimischen Nadelbäume verliert sie im Herbst ihre Nadeln, ein äußerst robuster, genügsamer und harzreicher Baum, der trockene Standorte bevorzugt. Die Lärchenwälder bei den Telfer Wiesen sind zu jeder Jahreszeit ein Ereignis.

Die Telfer Wiesen liegen südlich von Innsbruck, auf einer Terrasse am Eingang zum Stubaital, weit unten fließt die Ruetz vorbei. Genutzt seit dem 15. Jahrhundert, sind hier Wald und Wiesen zu einer anmutigen Kulturlandschaft verschmolzen. Die Wiesen werden extensiv bewirtschaftet. Gedüngt wird wenig, gemäht nur ein bis zwei Mal im Jahr. Dadurch hat sich hier eine Artenvielfalt erhalten, wie sie nur noch selten zu sehen ist, idealer Lebensraum für viele Insekten, Vögel und Säugetiere. Sommers blühen Margeriten, Sumpfdotterblumen, Klee, Storchenschnabel und eine ganze Reihe anderer Blumen.

Die Stubaitalbahn fährt hier durch, und man hört den Straßenlärm von der anderen Talseite, manchmal auch von der Autobahn, ansonsten ist es ruhig, friedlich. Schafe grasen, liegen im Schatten, wenn es heiß ist, und schauen träge den Vorbeiwandernden nach. Ziegen sind neugieriger. Sobald jemand stehen bleibt, setzen sie sich in Richtung Zaun in Bewegung. Ein idyllischer Flecken, ein gemütlicher Spaziergang, weswegen auf den Telfer Wiesen vom Kleinkind bis zur Oma alles unterwegs ist. Die einen lieben die Wanderung von Telfes talauswärts, die anderen die von Kreith taleinwärts. Stunden ließen sich auf den Holzliegen verbringen, die an schönen Aussichtsplätzchen bereitstehen. Zu empfehlen ist allemal die Anfahrt mit der Stubaitalbahn.

Adresse Telfer Wiesen, 6165 Telfes i. St. | **ÖPNV** STB, Haltestelle Kreith, Telfer Wiesen (Bedarfshaltestelle) oder Telfes | **Anfahrt** A 13, Ausfahrt Schönberg / Stubaital, B 183 Richtung Neustift, rechts nach Telfes bis STB-Bahnstation Telfes, wandern Richtung Kapfers, dann rechts auf die Telfer Wiesen, Wanderung gesamte Runde circa 2 Stunden | **Tipp** Das Alpengasthaus »Stockerhof« in Kreith bietet bodenständige Küche und hausgemachte Kuchen. Die Kuchenstücke sind so groß, dass sie eine Mahlzeit ersetzen.

100 Die Kirche St. Moritzen

In wenigen Minuten in Arkadien

Die kleine Wallfahrtskirche in St. Moritzen westlich von Telfs liegt am Ende hügeliger Wiesen, und hinter ihr beginnt der Wald. Angeblich soll sie auf den Ruinen des Schlosses Ebenstein der Herren von Eben errichtet worden sein. Der Flurname Schlossbühel wird allerdings für einen Hügel weiter nördlich verwendet. Auf dem Feldweg vom Ortsteil St. Moritzen zur Kirche hat man das Gefühl, Schritt für Schritt in eine andere Welt einzutauchen, Arkadien gleich. Im Sommer duftet es nach Heu, Grillen zirpen. Gesäumt wird der Pfad von Kreuzwegstationen und dem Kalvarienberg.

Schon im 18. Jahrhundert stand auf dem Kalvarienberghügel eine Kreuzigungsgruppe mit überdachtem Zugang, darunter die Marienkapelle.

Rechts der großen Tür erinnert eine Tafel an Heinrich von Braitenberg, der als großer Verehrer der Muttergottes von St. Moritzen galt. Innen führt eine steile Stiege zur Kapelle der Schmerzhaften Muttergottes und von da ein weiterer, offener Stiegenaufgang zur Kreuzigungsgruppe. Von dort geht alternativ ein schmaler Pfad den Hügel hinab wieder auf den Weg zum Moritzen-Kirchlein.

Ihm gegenüber steht eine Grabkapelle mit drei Spitzbogenarkaden, einer Vorhalle sowie drei Kapellennischen. Der mittlere Teil dürfte im 17. Jahrhundert errichtet worden sein, die anderen später. Im Zentrum befindet sich das Heilige Grab, 14. Station des Kreuzweges. Der Vorplatz wirkt wie ein Innenhof und ist mit Steinen ausgelegt. Nördlich und östlich der Anlage sind noch Mauerreste auszumachen, die auf eine Mauerumfassung schließen lassen. Eine Tafel erinnert an die Pest, die in den Jahren 1634 und 1635 »200 Menschen, das war mehr als ein Fünftel, dahingerafft« hat. Darüber das Marterl für einen 1917 verunglückten Burschen.

Da das Kirchlein schon mehrmals von Dieben heimgesucht wurde, ist es abgesperrt. Der eigentliche Wallfahrtsort aber, die Marienkapelle am Kalvarienberg, ist untertags zugänglich.

Adresse St. Moritzen, 6410 Telfs | **ÖPNV** Bahn, Haltestelle Telfs / Pfaffenhofen, weiter mit Ortsbus, Haltestelle Olympia; Bus 4176, 4123, Haltestelle Olympia | **Anfahrt** A 12, Ausfahrt Telfs West, im Kreisverkehr auf B 189, links abbiegen Weißenbachstraße, links Moritzenstraße, Achtung: keine Parkplätze | **Öffnungszeiten** Die Marienkapelle ist zugänglich, die Kirche St. Moritzen nur bei kirchlichen Veranstaltungen. | **Tipp** Das »Thöni Aluminiumwerk« in Telfs gehört zu den führenden Industriebetrieben Tirols. Das Besucherzentrum Aluwelten widmet sich dem Thema Aluminium von den ersten Versuchen bis zur heutigen Nutzung des vielseitigen Werkstoffs.

101__ Das Minarett

Kleiner Turm mit großer Wirkung

Die Marktgemeinde Telfs ist ein ungeheuer prosperierender Ort. Im Zeitraum 1981 bis 2001 verdoppelte sich die Bevölkerungszahl, mit rund 15.000 Einwohnern ist sie mittlerweile die drittstärkste Gemeinde Tirols nach Innsbruck und Kufstein. Jeder sechste Telfer bekennt sich zum muslimischen Glauben. Der Arbeitermangel in der Industrie war in den 1960er Jahren so hoch, dass Österreich »Gastarbeiter« in der Türkei anwarb. Viele kamen zu den Textilunternehmen nach Telfs und blieben. Später wuchs der Ort, weil die Mieten günstig und die Jobchancen gut waren. 1998 entstand in Telfs mit der Eyüp-Sultan-Moschee das zweite muslimische Gotteshaus in Österreich; 2006 sollte das Gebetshaus um ein 20 Meter hohes Minarett ergänzt werden.

Die Pläne erregten überregional Aufsehen, die Auseinandersetzung ließ nicht lange auf sich warten. Eine Bürgerinitiative sammelte Unterschriften gegen das Minarett. Die Auseinandersetzungen schaukelten sich hoch bis auf Bundesebene, und der damalige Telfer Bürgermeister erhielt Morddrohungen. Trotz der heftigen Kontroversen und des großen Drucks von außen schaffte es die Gemeinde, einen Kompromiss zu finden: Das Minarett ist fünf Meter niedriger und mit Beleuchtungs- sowie Beschallungsverbot versehen.

Der Dramatiker Felix Mitterer verarbeitete den Konflikt im Tatort-Krimi »Baum der Erlösung«; im Anschluss an die Erstausstrahlung 2009 brachte der ORF eine Reportage über Telfs. Die Sorge vieler Telfer war unbegründet: Alte Gräben riss sie nicht auf. Das Minarett ist heute kein Aufreger mehr, auch wenn öfter eher von einem Neben- als von einem Miteinander die Rede ist.

Infolge des Minarettstreits richtete die Marktgemeinde die Stelle eines beziehungsweise einer Integrationsbeauftragten ein. Sie ist nicht nur Anlaufstelle, sondern fördert mit Veranstaltungen das Zusammenleben der verschiedenen Kulturen. In Telfs leben derzeit über 70 Nationen.

102 Die Traumfabrik

Der Schimmel, der sich färbte

Es begann damit, dass ein Filmproduzent auf der Suche nach einem Studio war. Das Passionsspielhaus in Thiersee, das im Krieg als Gefangenen- und Materiallager gedient hatte, schien ihm wie gemacht für Innenaufnahmen. Also ließ Eduard Wieser, so hieß der Mann, das Passionsspielhaus in ein Filmstudio umbauen und drehte 1946 dort den Streifen »Wintermelodie«. In der Branche sprach sich rasch herum, dass die Möglichkeiten in Thiersee optimal waren, und so mutierte der kleine Ort im Tiroler Unterland von 1946 bis 1952 zum Nabel der österreichischen Filmwelt.

Im Passionsspielhaus fanden sich die großen Stars des Nachkriegsfilms ein. Publikumslieblinge wie Oskar Werner, Brigitte Horney oder Hans Albers standen vor der Kamera. Insgesamt entstanden in Thiersee 18 internationale Filmproduktionen im Passionsspielhaus und in der Umgebung, darunter das »Doppelte Lottchen« nach dem gleichnamigen Roman von Erich Kästner. Die Einheimischen waren zunächst empört, dass ihr Passionsspielhaus von diesem »verruchten« Filmvolk in Beschlag genommen wurde, erkannten aber bald die Vorzüge.

Thierseer wirkten als Statisten mit, halfen hinter den Kulissen, betätigten sich als Ausstatter und erfuhren, mit welchen Tricks Illusionen erzeugt wurden. Mancher Star erwies sich als gar nicht hochnäsig, saß gern im Gasthaus oder war leidenschaftlicher Angler, wie Paul Hörbiger, der es zum »Weltmeister von Thiersee« im Hechtfischen brachte. Eine besondere Anekdote dieser an Anekdoten reichen Jahre in Thiersee ist die um das Pferd mit der falschen Farbe. Für die Dreharbeiten in winterlichem Ambiente forderte das Drehbuch des Films »Maria Chapdelaine« einen Rappen. Leider war ein solcher nirgendwo aufzutreiben, weswegen man einen Schimmel einfach mit schwarzer Ölfarbe bepinselte. Die Pferdeattrappe am Themenweg »Tiroler Traumfabrik rund um den Thiersee« lässt sich bereitwillig bemalen.

Adresse Thiersee, 6335 Thiersee | **ÖPNV** Bus 4046, Haltestelle Gasthof Weißes Rössl | **Anfahrt** A 12, Ausfahrt Kufstein Nord, im Kreisverkehr auf B 175 Richtung Wörgl / Kufstein / Thiersee, rechts abbiegen Richtung Thiersee, auf Thierseerstaße nach Thiersee / Vorderthiersee, im Zentrum parken, wenige Gehminuten zum See | **Öffnungszeiten** ganzjährig zugänglich | **Tipp** In der Federkielstickerei Christian Fankhauser in Thiersee / Mitterland werden nach alter Tradition Ranzen, Hosenträger, Gürtel, Geld- und Handtaschen bestickt. Eine Besonderheit sind die Feinsilberstickereien.

103 Die Trisannabrücke

Neues Tragwerk an einem Tag

Das ist ein Fotomotiv: die Trisannabrücke bei Tobadill, die sich elegant von einem Aufleger zum anderen schwingt, und Schloss Wiesberg, das in stoischer Gelassenheit auf dem Felsen ruht. Am besten zu sehen und zu fotografieren ist das Ensemble von der Straße Richtung Strengen aus.

Ansichtskartenmotiv war es schon bei der Errichtung der Brücke. Die Trisannabrücke (manchmal auch Wiesberger oder Wiesberg Brücke genannt) galt als technisches Meisterwerk. Errichtet wurde sie für die Arlbergbahn, die 1884 ihren Betrieb aufnahm und Tirol mit Vorarlberg verbindet. Neben dem Arlbergtunnel ist auf der Tiroler Seite der Route die Trisannabrücke das spektakulärste Verbindungsstück.

Es handelt sich um eine Stabbogenbrücke, die 120 Meter spannt, an den Seiten fußt sie auf vier beziehungsweise drei Steinbögen. Insgesamt hat das Bauwerk eine Länge von 230 Metern und ist 86 Meter hoch. Unter ihm fließt die Trisanna und führt die Straße ins Paznauntal. Die Trisannabrücke war damals die am weitesten gespannte Brücke Österreichs, lange galt sie zudem als das größte Bauwerk dieser Art des Landes.

Aufgrund höherer Anforderungen im modernen Eisenbahnverkehr musste die Brücke 1923 mit einem sogenannten Fischbauchträger verstärkt werden, 1964 ersetzte man das Stahltragwerk dann durch eine neue Konstruktion. Um den Austausch schnellstmöglich durchzuführen, errichteten die Planer auf beiden Seiten der Brücke ein Hilfsgerüst, wobei auf einem die neue Brücke vormontiert wurde. Das alte Tragwerk wurde auf das zweite Hilfsgerüst verschoben, das neue eingesetzt. Die Arbeiter wickelten die gesamte Aktion in zehn Stunden und zwanzig Minuten ab. Nur der Vollständigkeit halber sei erwähnt, dass andere Quellen von elf Stunden und 45 Minuten sprechen. Die Leistung schmälert das nicht, immerhin galt es, 1.600 Tonnen zu bewegen. Ein Bravourstück, das international Beachtung fand.

Adresse beim Wiesbergkraftwerk, 6552 Tobadill | **ÖPNV** Bus 4240, Haltestelle Tobadill / Wiesberg | **Anfahrt** A 12 / S 16, Ausfahrt Pians / Paznaun / Ischgl, B 188 Richtung Ischgl / Kappl, gleich am Eingang des Tales, Höhe Wiesbergkraftwerk | **Tipp** Einen reizvollen Kontrast bietet die denkmalgeschützte Rosannabrücke in Strengen, eine aus Balken und Hängewerk kombinierte Brücke mit Satteldach ohne eiserne Verbindungsmittel, errichtet 1764. Auf der »Wetterseite« hat sie eine Holzverschalung.

TUX

104 Das Thermalwasser
Lauwarm sprudelt's aus dem Berg

Hintertux ist ein Ort, der seine Besucher nicht mit baulicher Schönheit empfängt. Das Werbebanner »Höchste Thermalquelle Europas nur im Badhotel Kirchler« ist nicht zu übersehen. Es hängt nach dem Kirchler an der Mauer eines länglichen Gebäudes, das in den Hang zu kriechen scheint. Es hat seine besseren Tage schon hinter sich. Durch einen schummrigen Gang geht es über eine Außentreppe zum Freibad, wo aus einem dünnen Rohr Wasser ins Becken plätschert. Man steht, man möchte es nicht meinen, vor einer Sensation. Hier auf 1.500 Metern Höhe rinnt naturwarmes Wasser mit etwas über 20 Grad – und liegt damit knapp über der Mindesttemperatur für Thermalwasser.

Bereits um 1600 wurde das »Wildpad in Wildentux« erwähnt, wie die Gegend damals genannt wurde. Da Hintertux allerdings nicht vom Zillertal aus, sondern über das Tuxer Joch erschlossen und besiedelt wurde und hier ausschließlich Bauern lebten, konnte das Wasser lange nicht kommerziell genutzt werden. Ab dem Jahr 1847 allerdings gab es Badeeinrichtungen samt Kurbetrieb. Der bekannte Tiroler Schriftsteller Beda Weber bezeichnete das Wasser als »seifig«, was ein Test nicht bestätigt: Es ist weich, schmeckt mild und ist kalkarm. Seine wohltuende Wirkung entfalten soll das Wasser bei rheumatischen Beschwerden, bei Hauterkrankungen, aber auch bei Folgen von Verletzungen. 1926 wurden die zahlreichen Quellen gefasst und an der heutigen Stelle ein Bad errichtet. Alte Fotos zeigen: Das war nobel. Charme hat das Freibad immer noch, aber er bröckelt.

Frau Kirchler, Chefin des Hotels Kirchler, eine aparte alte Dame, gibt Auskunft über die Geschichte. Seit Generationen sei die Quelle im Besitz der Familie, sagt sie stolz. Eine eigene Leitung führt von der Quelle zum Hotel, das zur Gänze mit diesem Wasser gespeist wird. Das Freibad liege leider im Lawinenstrich, sagt sie, eine Sanierung mache keinen Sinn. Schade ist das.

Adresse Hintertux 765, 6294 Tux / Hintertux | **ÖPNV** Zillertalbahn, Haltestelle Mayr-
hofen; Bus Christophorus, Haltestelle Feuerwehr | **Anfahrt** A 12, Ausfahrt Zillertal,
B 169 Richtung Mayrhofen, weiter auf Tuxer Straße nach Hintertux | **Öffnungs-
zeiten** Freibad je nach Witterung Juni bis Sept. täglich 10 – 18 Uhr, Kontakt unter
office@badhotel-kirchler.at | **Tipp** Unter dem Spannagelhaus am Hintertuxer Gletscher
befindet sich der Eingang zur spektakulären Spannagelhöhle. Sie ist die größte Naturhöhle
in den Zentralalpen und ganzjährig geöffnet.

105 Die Manharter

Keinen Treueeid auf den Franzosen

Die Fremdherrschaft war schon schwer zu ertragen, doch als Napoléon I. 1809 von den Kirchengemeinden einen Treueschwur verlangte, war das Maß voll. Ein Pfarrer im Brixental widersetzte sich: der Aschauer Benedikt Kaspar Hagleitner. Er sah den Kniefall vor einem weltlichen Herrn, der zudem mit dem Kirchenbann belegt war, als Verrat an der Kirche.

Mehr noch: Für ihn waren Geistliche, die Napoléon Treue schworen, ebenfalls exkommuniziert. Mit seiner Interpretation stand Hagleitner nicht allein. Eine Gruppe »standhafter Christen« rund um Sebastian Manzl, Bauer am Untermanharthof in Westendorf, schloss sich seiner Ansicht an.

Die Manharter, wie sie rasch hießen, hielten an den alten Kirchengesetzen fest, akzeptierten die Abschaffung kirchlicher Feiertage und Andachten nicht und konnten auch sonst mit den Errungenschaften der Aufklärung nichts anfangen. Sie verweigerten Kommunion und Beichte, was zur Folge hatte, dass sie nicht mehr kirchlich beerdigt wurden. Die religiöse Splittergruppe entwickelte sich bald zu einer Art Sekte, die ihre eigenen Riten hatte. In der zweiten Hälfte des 19. Jahrhunderts verloren die Manharter allerdings an Bedeutung. Mit Theresia Fluckinger starb 1897 in Kirchbichl die letzte Anhängerin. Außer dem leer stehenden Untermanhartshof erinnert nur noch wenig an die Manharter in Westendorf.

Ihre Geschichte aber kennt hier noch jeder. Vor einigen Jahren entdeckte Georg Fuchs, der Ortschronist von Westendorf, durch Zufall ein Relikt aus jener Zeit. Der Urgroßvater seiner Frau war noch Anhänger der Manharter gewesen. Dessen Tochter Maria Fux hatte in Erinnerung an ihn ein Jesusbild aufbewahrt, das Teil der religiösen Rituale der Manharter gewesen ist. Vor einigen Jahren hat es der Schwager von Fuchs wiederentdeckt. Es ist das einzige religiöse Objekt in Westendorf, das ohne Zweifel und offiziell auf die Manharter zurückgeht.

Adresse Unterdorf 21, 6363 Westendorf | **ÖPNV** Bahn, Haltestelle Westendorf; Bus 4051, Haltestelle Sennerei | **Anfahrt** A 12, Ausfahrt Wörgl Ost, auf B 178 Richtung Lofer / St. Johann, im Kreisverkehr auf B 170 Richtung Hopfgarten, weiter Richtung Westendorf, rechts nach Westendorf, auf Höhe Vereinshaus rechts abzweigen | **Öffnungszeiten** nur von außen zu besichtigen | **Tipp** Der Wadl-Weg im Windauer Tal ist eine Kombination aus Wellness- und Naturlehrpfad mit Wassertretbecken und Geschicklichkeitsparcours.

106__Der Hörbighof

Der Weltraum, eine eiskalte Bühne

Die Familie Hörbiger ist bekannt als Schauspielerdynastie. Davor aber bewegte sie schon die Welt der Musik und der Wissenschaft. Ihre Wurzeln hat sie auf dem Hörbighof in der Wildschönau. 1830 machte sich Alois Hörbiger von dort aus auf den Weg in die weite Welt. Über 80 Orgeln baute der begnadete Orgelbauer nach eigenen Angaben. Er war zudem ein Tüftler und schenkte der Musikwelt das Harmonikon, eine Mischung aus Orgel und Harmonium. Enkel Hanns war wie der Opa, hatte es aber mehr mit Technik und Astronomie. Er erfand das Hörbiger-Ventil, ein Stahlplattenventil, das er zum Patent anmeldete wie eine Reihe anderer Erfindungen. Seine skurrilste Idee war die Welteistheorie. Hanns Hörbiger vertrat die Ansicht, dass die Milchstraße, die Mondoberfläche sowie die Sternschnuppen aus Eisbrocken bestanden. Sie setzte sich bekanntlich nicht durch, hat aber Charme.

Zwei seiner vier Söhne machten Karriere als Schauspieler – Paul und Attila Hörbiger. Paula Wessely und Attila galten zu ihrer Zeit als *das* Schauspielerpaar, durch und durch deutsch. Dass sie sich bei den Nazis anbiederten, blieb ein brauner Fleck auf ihrer Weste. Als Ende des Zweiten Weltkriegs die Bombenangriffe auf Wien zunahmen, flüchteten Attila und Paula Wessely mit ihren Kindern ins Tiroler Ötztal.

Ihre jüngste Tochter kam in Seefeld zur Welt; ihre ersten Auftritte nach dem Krieg absolvierten die beiden am Tiroler Landestheater. Ihre Töchter Elisabeth, Christiane und Maresa wurden bekannte Schauspielerinnen, in deren Fußstapfen traten auch einige der Enkel und Enkelinnen – Cornelius Obonja, Mavie Hörbiger oder Christian Tramitz.

1978, wenige Jahre vor seinem Tod, besuchte Paul Hörbiger Thierbach; 1990 kam Christiane Hörbiger gemeinsam mit Elisabeth Orth und ihren Söhnen auf den Hörbighof in der Wildschönau, um jenen Ort kennenzulernen, von dem die Hörbigers stammen.

Adresse Hörbigerweg, Thierbach 28, 6311 Wildschönau/Thierbach | **Anfahrt** A 12, Ausfahrt Wörgl West, auf B 171 Richtung Wörgl, links abbiegen auf Wildschönauer Straße, Straße folgen bis Mühltal, weiter nach Breitlehen, vor Thierbach rechts abbiegen zum Hörbighof | **Öffnungszeiten** Anfang Juni bis Anfang Okt. (Di Ruhetag), Kontakt unter hoerbighof@thierbach.at | **Tipp** Thierbach ist das höchstgelegene Dorf des Tales, die Volksschule Thierbach die kleinste Schule Österreichs, und beim Sollererwirt findet sich die getäfelte »Speckbacherstube«.

107 Die Galerie am Polylog
In einer alten Drechselwerkstatt

Schwer zu finden ist die Galerie am Polylog nicht. Sie liegt in der Einkaufsmeile von Wörgl, unmittelbar neben dem »Polylog«, einer großen dunkel glänzenden Edelstahlsäule, entworfen vom deutschen Künstler Christian Möller. Die Stele ist ein interaktives Kunstwerk: Über das Internet beziehungsweise das Handy können Botschaften gesendet werden, die dann über das elektronische Display laufen.

Früher war die Galerie am Polylog eine Drechselwerkstatt. Wer es weiß, nimmt Details anders wahr, die großen Fenster am Durchgang vom Foyer zum ersten Ausstellungsraum zum Beispiel, die an der Wand entlanglaufenden Rohre, die schweren Heizkörper, die den Räumen etwas Rohes, Provisorisches geben. Ein Raum wie geschaffen für Zeitgenössisches.

Die Stadt Wörgl, die Kunst als eine der Säulen ihres Leitbildes definiert, hat die Räumlichkeiten angemietet und als Kunstraum adaptiert. Eröffnet wurde die Galerie am Polylog 2012 mit dem Ziel, zeitgenössische Kunst ins Blickfeld zu rücken und die Diskussion darüber zu fördern. Die Liste der bereits präsentierten künstlerischen Positionen zeigt, wie engagiert der Verein seine Aufgabe angeht. So fanden hier schon Ausstellungen von Christoph Hinterhuber, Ina Hsu, Margret Morton, Claudia Hirtl oder Arthur Salner statt. Besonders spannend wird es, wenn unterschiedliche künstlerische Zugänge unter einem bestimmten Gesichtspunkt betrachtet werden, wie das in der Ausstellung »Licht im Zentrum« (im Bild) mit Arbeiten des verstorbenen Malers Wilfried Kirschl und solchen des Haller Künstlers Hellmut Bruch der Fall war.

Drei Ausstellungen kuratiert der Verein »Am Polylog« im Jahr selbst. Die restliche Zeit stehen die Räumlichkeiten den Wörgler Vereinen, Künstlern und Künstlerinnen für Veranstaltungen und Workshops zur Verfügung. Die Nachfrage ist groß. Die bunte Mischung macht aus der Galerie am Polylog einen aufregenden Ort der Auseinandersetzung.

Adresse Speckbacherstraße 13–15, 6300 Wörgl | **ÖPNV** Bahn, Haltestelle Wörgl; Bus 4051, 4060, 4064, 4121, Haltestelle Stadtamt Wörgl | **Anfahrt** A 12, Ausfahrt Wörgl West, B 171 Richtung Wörgl-Zentrum, links in die Bahnhofstraße | **Öffnungszeiten** je nach Ausstellungsprogramm, Info unter www.am-polylog.at, Kontakt unter info@am-polylog.at | **Tipp** Das Bundesschulzentrum in Wörgl, konzipiert als »Hallenschule«, galt bei seiner Errichtung als das modernste Schulzentrum Österreichs. 2003 wurde es vom Zürcher Architekten Peter Märkli erweitert.

108 Das Ludwig-Zamenhof-Denkmal

Mit einer neuen Sprache Frieden schaffen

Ĉiuj homoj estas denaske liberaj kaj egalaj laŭ digno kaj rajtoj. Der Satz ist Esperanto und heißt: Alle Menschen sind frei und gleich an Würde und Rechten geboren. Esperanto ist die einzige voll ausgebildete Kunstsprache, die es gibt. Entwickelt wurde sie vom polnischen Arzt Ludwik Lejzer Zamenhof (1859–1917), der damit eine weltweit funktionierende, neutrale Sprache schaffen wollte. Am Bahnhofsvorplatz von Wörgl erinnert ein Denkmal an den Esperanto-Erfinder. Und das hat einen guten Grund.

1952 gab es in der Unterländer Gemeinde eine ausgesprochen aktive Esperantistengruppe, welche die Idee Zamenhofs hochhielt, mit dieser Sprache zur globalen Völkerverständigung beizutragen. Die Wörgler initiierten die Errichtung des Denkmals, geschaffen wurde es vom Schwazer Künstler Theodor Ohnesorge, ebenfalls ein glühender Anhänger dieses Friedensprojektes. Rund 100 Gäste aus zehn Nationen sollen zur Enthüllung des Denkmals nach Wörgl gekommen sein. Der damalige Bürgermeister Martin Pichler hielt ebenso eine Rede wie Landeshauptmannstellvertreter Josef Anton Mayr. Ein Jahr später fand hier der von der Esperanto-Bewegung organisierte Weltjugend-Kongress statt.

2008, anlässlich der Generalversammlung des Österreichischen Esperanto-Verbands in Wörgl, ließ die Stadt das stark in Mitleidenschaft gezogene Denkmal restaurieren. Seit der Umgestaltung des Bahnhofsvorplatzes steht die Büste an der jetzigen Stelle. Eine Tafel informiert in Esperanto und Deutsch über die Bedeutung dieses Denkmals. Als Symbol der Hoffnung findet sich im Boden davor der fünfzackige grüne Stern der Esperanto-Bewegung.

Es gibt keine genauen Zahlen, wie viele Menschen weltweit Esperanto sprechen, doch die Sprache lebt seit über 100 Jahren und wird von ihren Anhängern mit Begeisterung weitergegeben.

Adresse Bahnhofplatz, 6300 Wörgl | **ÖPNV** Bahn, Haltestelle Hauptbahnhof Wörgl; Bus 4026, 4051, 4055, 4060, 4064, 4068, 8311, Haltestelle Hauptbahnhof Wörgl | **Anfahrt** A 12, Ausfahrt Wörgl West, B 171 Richtung Wörgl-Zentrum, links in Bahnhofstraße | **Tipp** Im Stadtzentrum, zwischen Pfarrkirche und Landesmusikschule, befindet sich das Naturdenkmal Kaiserjubiläumslinde.

109__Die Meilensteine
304-mal Geschichte gepflastert

Es gibt Ereignisse, die die Geschichte verändern, manchmal im Großen, öfter im Kleinen. Die Stadt Wörgl hat 304 historische Ereignisse aus den unterschiedlichsten Bereichen herausgepickt und damit 2.000 Jahre Geschichte komprimiert auf ein paar Momente. Diese Ereignisse ließ sie in Stein hauen und in den Boden verlegen. 2006 fand die Eröffnung der »Meilensteine« statt.

Zu finden sind sie im Gehsteig vom Bahnhof Wörgl startend entlang Bahnhof- und Speckbacherstraße bis zum oberen Ende hin auf einer Gesamtlänge von insgesamt etwa 1.480 Metern, was einer römischen Meile entspricht. Bekannte, unbekannte, auch skurrile Geschichtsmarken liegen einem hier zu Füßen. Herausgepickt: 312 siegt Kaiser Konstantin an der Milvischen Brücke, im sechsten Jahrhundert bringen die Awaren Reitsattel und Steigbügel nach Europa, 1494 gibt es die Anleitung zur doppelten Buchführung, 1769 nächtigt Wolfgang Amadeus Mozart in Wörgl, und 1950 kommt die Kreditkarte von Diners Club. Alles Ereignisse, die auf die eine oder andere Weise Geschichte weitergetrieben haben. Auf den Meilensteinen findet sich darüber hinaus eine fortlaufende Zahl.

Sie soll das Thema Zinsentwicklung veranschaulichen. Ausgehend von der Annahme, dass am 1. Jänner des Jahres 1, also Christi Geburt, der Betrag von einem Euro bei einer fiktiven Bank angelegt wurde, und das bei einem konstanten Zinssatz von drei Prozent, verdeutlichen die Meilensteine das Vermögenswachstum im Laufe der Zeit. Diese Bank übersteht also alle Kriege, Katastrophen, Kursschwankungen und volkswirtschaftlichen Zusammenbrüche völlig unbeschadet, was in der Realität natürlich nicht der Fall ist.

Die Wörgler Meilensteine machen einem auf ungewöhnliche Art Geschichte bewusst und kitzeln die Neugierde. Denn natürlich will man wissen, wie viel Geld am Ende zusammenkommt. Die angesparte Summe sei nicht verraten, nur so viel: Sie liegt im Quadrillionenbereich.

Adresse Bahnhof Wörgl, 6300 Wörgl | ÖPNV Bahn, Haltestelle Hauptbahnhof Wörgl; Bus 4026, 4051, 4055, 4060, 4064, 4068, 8311, Haltestelle Hauptbahnhof Wörgl; Citybus Wörgl, Haltestelle Bahnhof | Anfahrt A 12, Ausfahrt Wörgl West, B 171 Richtung Wörgl-Zentrum, links in die Bahnhofstraße | Tipp Im liebevoll betreuten Heimatmuseum Wörgl wird die Geschichte des prosperierenden Ortes nachgezeichnet, ein besonderer Platz kommt dem Wörgler Freigeldexperiment Anfang der 1930er Jahre zu.

110_ Der Postgasthof Gemse
In Butterschmalz und mit Kürbiskompott

Das Gasthaus Gemse in Zams beginnt zu erzählen, sobald man es betritt. Schon im Eingangsbereich könnte der Besucher lange verweilen, Fotos und Tafeln studieren, Trophäen und Schießscheiben betrachten. Links geht es in die große getäfelte »Haflingerstube«, der weitere folgen, rechts in den Speisesaal mit Veranda. Ein Blick genügt, und man kann sich lebhaft vorstellen, wie hier getanzt wurde und wird. Zu jedem Bild, das an der Wand hängt, und es sind viele, weiß Josef Haueis etwas zu erzählen. Alle Arbeiten sind Geschenke von Künstlern, die seine Küche genossen haben. Die ist schlicht hervorragend.

Haueis kocht mit Leidenschaft und jener Prise Extravaganz, die einen von traditioneller Küche reden, aber sehr viel mehr schmecken lässt. Er hat in erstklassigen Häusern im In- und Ausland gearbeitet, in »Spitzenrestaurants rund um die Kugel«, schmunzelt er. »Als ich wusste, was ich kann, bin ich zurückgekommen.« Bereut hat er das nie. Er lebt seinen Traum einer ehrlichen Küche mit hauptsächlich regionalen und saisonalen Zutaten. Vieles kommt aus dem eigenen Garten, der eigenen Landwirtschaft, Erbhof seit 1726. Zum Kräutergarten sind es nur wenige Schritte, den Kürbis baut Haueis auf einem Feld oberhalb von Zams an. Er ist Hauptbestandteil seines schon legendären Kürbiskompotts, das mit hausgemachter Preiselbeermarmelade, ebensolcher Cocktail- und Chilisauce zum Schnitzel Wiener Art serviert wird. Dieses selbstverständlich in Butterschmalz gebacken. In die Gemse kommt der Arbeiter zum Mittagessen und die Prominenz zum Abendessen – aus der Küche kommt immer Haueis.

Eines der Erfolgsgeheimnisse von Haueis ist sicher, dass er bodenständig geblieben ist, den Betrieb überschaubar gehalten hat. Der Chef kocht selbst, lacht Haueis. Er mag am liebsten »Muas« (Mus) in allen Variationen: Kasmuas, Milchmuas, Speckmuas. Eine Pfanne voll davon auf dem Tisch, das ist für ihn daheim.

Adresse Hauptplatz 1, 6511 Zams | **ÖPNV** Bus 4206, Haltestelle Terminal Post | **Anfahrt** A 12, Ausfahrt Zams / Landeck Ost, B 171 Richtung Landeck, in Zams am Hauptplatz | **Öffnungszeiten** warme Küche 11.30 – 13.45 und 17.30 – 21 Uhr, Sa, So und Feiertage 11.30 – 21 Uhr, Do Ruhetag, Info unter www.postgasthof-gemse.at, Kontakt unter haueis@aon.at | **Tipp** Auf abenteuerlichen Pfaden, Stegen und über Brücken geht es durch den Zammer Lochputz. Die Klamm ist eine wirklich wilde Naturschönheit mit 30 Meter hohem Wasserfall und einem Schaukraftwerk am Eingang der Klamm.

111__Das Anna-Dengel-Denkmal

Eine Ärztin gründet einen Orden

Lange hieß das Krankenhaus Hochzirl »Anna Dengel Haus«. Als es 2015 mit dem in Natters zusammengelegt wurde, verschwand der Name. Das empörte den Verein der Freunde Anna Dengels, der die Erinnerung an das Lebenswerk von Anna Dengel (1892–1980) pflegt. Sie gründete die »Missionsärztlichen Schwestern« und baute ein internationales Spitalnetz auf.

Geboren wurde Anna Dengel in Steeg im Lechtal. Ihre Ausbildung absolvierte sie in Hall und war dort auch als Lehrerin tätig, bevor sie 1914 zum Medizinstudium an die katholische Universität in Cork (Irland) wechselte. 1920 ging sie nach Rawalpindi, das damals zu Indien gehörte, und kümmerte sich um die medizinische Behandlung von Frauen, da diese aus religiösen Gründen nicht von Männern verarztet werden durften. Die von ihr 1925 ins Leben gerufene Missionsgemeinschaft war zunächst eine sogenannte fromme Gemeinschaft – Schwestern durften damals entweder das Gelübde ablegen oder voll medizinisch tätig sein. Erst 1936 kam es zu einer entsprechenden Änderung des Kirchenrechts. 1941 wurde Dengel erste Generaloberin der Missionsärztlichen Schwestern. Von Indien ausgehend, gründete sie Krankenschwesterschulen und Spitäler in den USA, in Asien, Südamerika und Afrika, dazu kamen Ausbildungshäuser in Europa. Heute ist der Orden in 23 Ländern vertreten. Dengel starb 1980 in Rom, wo sie auch begraben ist.

Für ihr Engagement wurde Anna Dengel vielfach ausgezeichnet. Sie war Ehrendoktorin mehrerer Universitäten und erstes weibliches Mitglied der internationalen Chirurgenvereinigung Chicago. Sie erhielt das Große Goldene Ehrenzeichen der Republik Österreich und das Ehrenzeichen des Landes Tirol. Im Landeskrankenhaus Hochzirl erinnert ein Denkmal an sie, und in einer Vitrine sind Objekte aus ihrem Leben ausgestellt.

Adresse LKH Hochzirl, 6170 Zirl | **ÖPNV** Bus 4176, Haltestelle Landeskrankenhaus | **Anfahrt** A 12, Ausfahrt Zirl Ost, B 177 Richtung Seefeld, Abfahrt rechts (unterhalb Burg Fragenstein) Richtung Hochzirl, Bergstraße bis Ende folgen | **Tipp** Es empfiehlt sich eine Rundwanderung von Zirl über die Burgruine Fragenstein (mit herrlichen Aussichtspunkten auf Zirl und Umgebung) und den Vogellehrweg nach Hochzirl und von dort wieder retour.

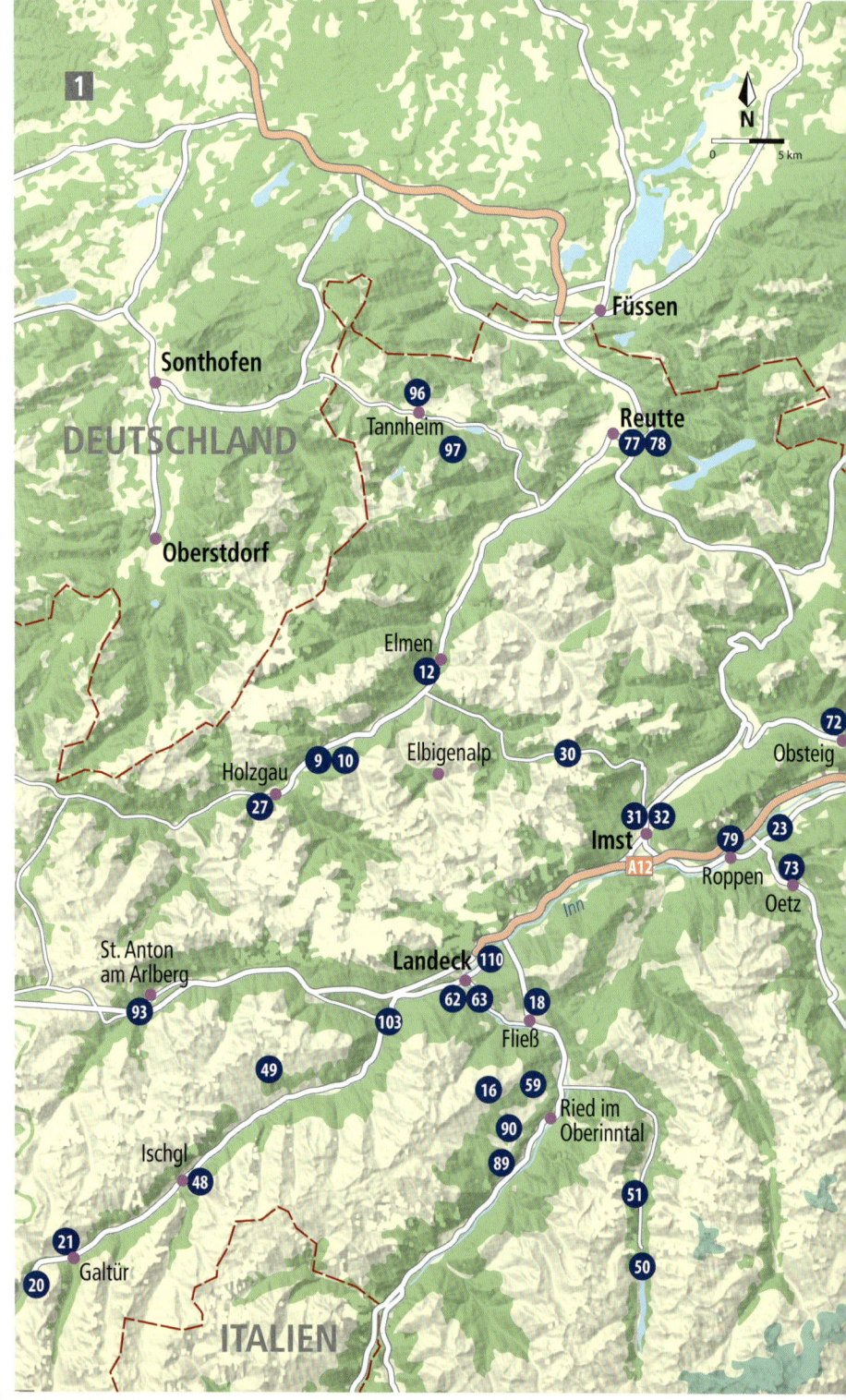

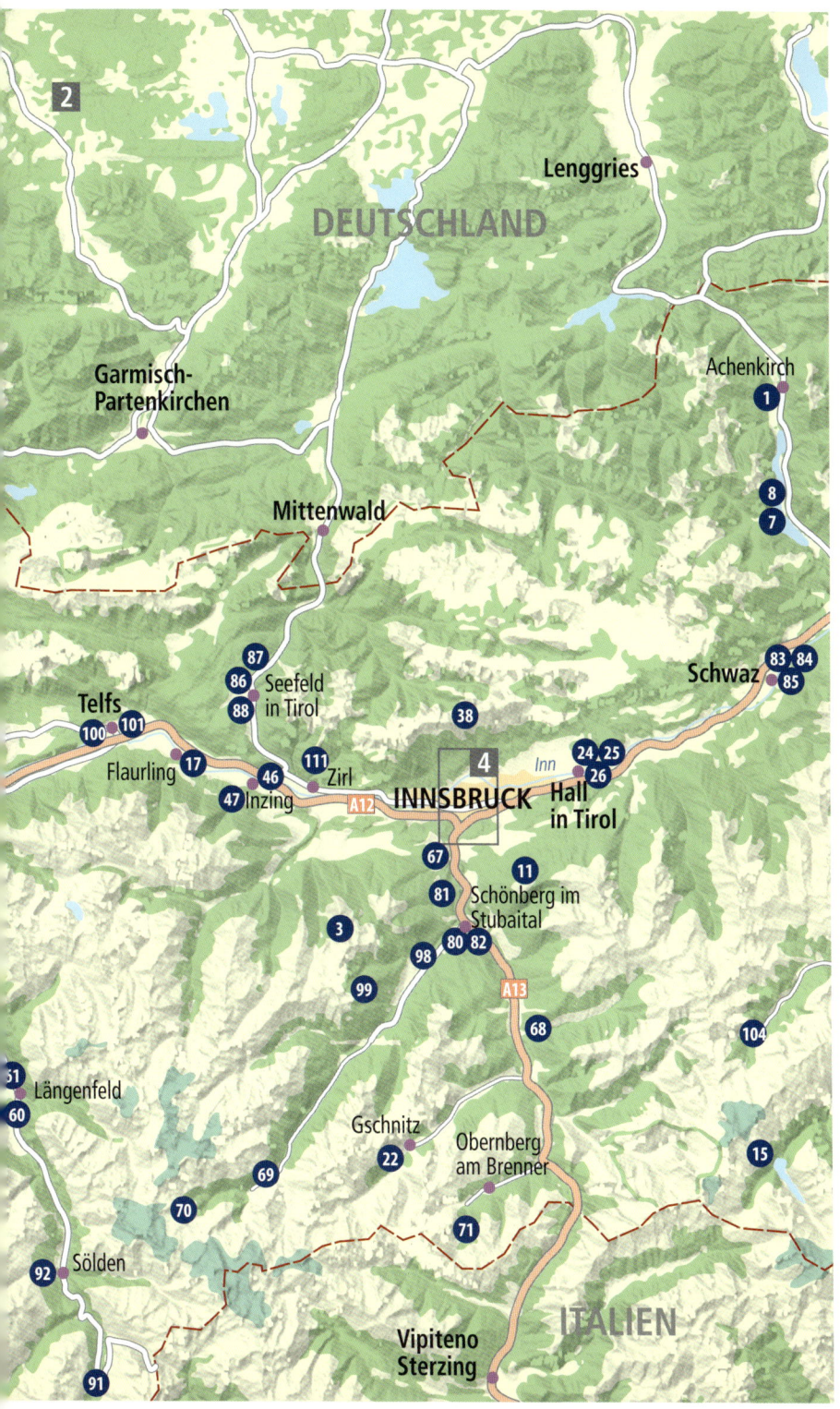

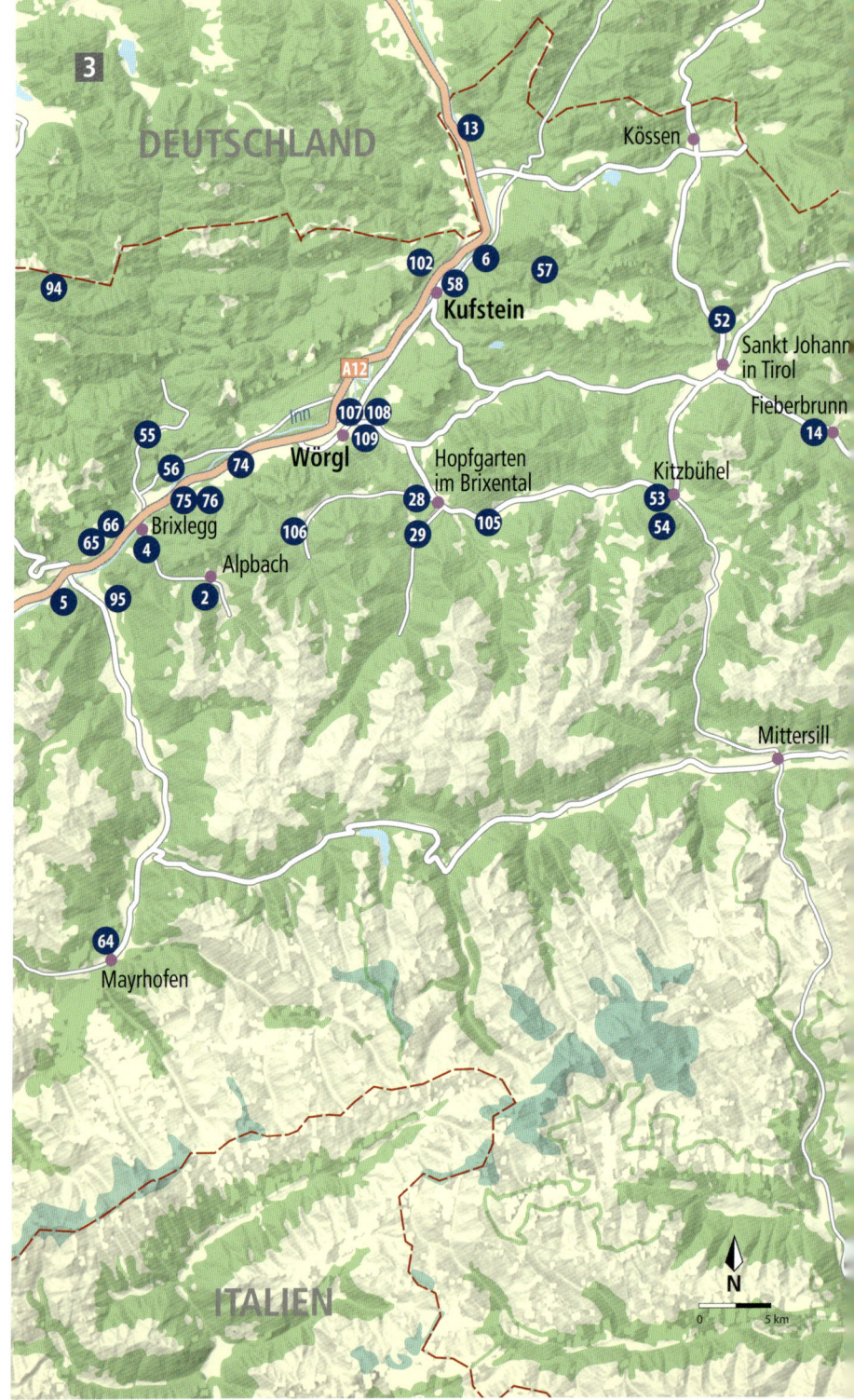

3

DEUTSCHLAND

Kössen

13

94

102

6

57

58

Kufstein

52

Sankt Johann
in Tirol

A12

Fieberbrunn

Inn

107 **108**

14

55

109

Wörgl

Hopfgarten
im Brixental

Kitzbühel

56

74

28

53

75 **76**

105

54

66

Brixlegg

106

29

65

4

5

95

Alpbach

2

Mittersill

64

Mayrhofen

N

ITALIEN

0   5 km

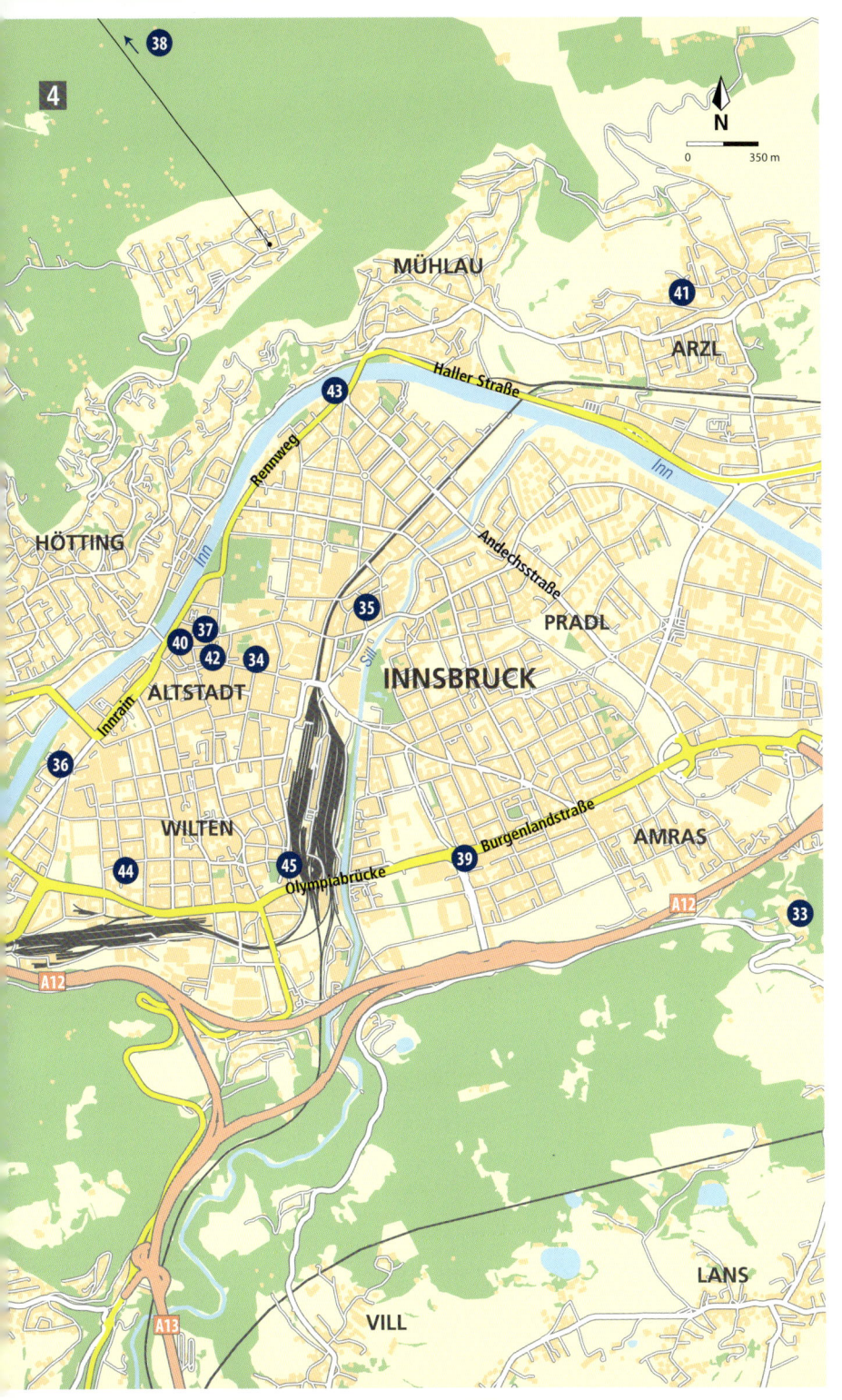

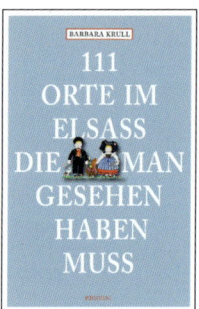

Barbara Krull
111 Orte im Elsass, die man gesehen haben muss
ISBN 978-3-95451-596-7

Beate C. Kirchner
111 Orte in Florenz und im Norden der Toskana, die man gesehen haben muss
ISBN 978-3-95451-513-4

Sina Beerwald
111 Orte auf Sylt, die man gesehen haben muss
ISBN 978-3-95451-511-0

Gerald Polzer, Stefan Spath
111 Orte in Graz, die man gesehen haben muss
ISBN 978-3-95451-466-3

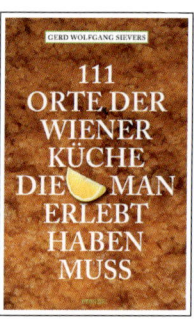

Gerd Wolfgang Sievers
111 Orte der Wiener Küche, die man erlebt haben muss
ISBN 978-3-95451-337-6

Rüdiger Liedtke
111 Orte in München, die man gesehen haben muss
Band 2
ISBN 978-3-95451-043-6

Rüdiger Liedtke
55 ½ Orte rund ums Oktoberfest, die man gesehen haben muss
ISBN 978-3-95451-370-3

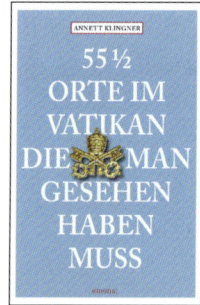

Annett Klingner
55 ½ Orte im Vatikan, die man gesehen haben muss
ISBN 978-3-95451-699-5

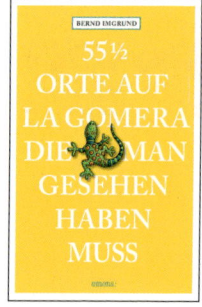

Bernd Imgrund
55 ½ Orte auf La Gomera, die man gesehen haben muss
ISBN 978-3-95451-700-8

Ralf Nestmeyer
111 Orte an der Côte d'Azur, die man gesehen haben muss
ISBN 978-3-95451-563-9

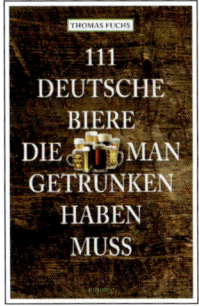

Thomas Fuchs
111 deutsche Biere, die man getrunken haben muss
ISBN 978-3-95451-414-4

Rüdiger Liedtke,
Laszlo Trankovits
111 Orte in Kapstadt, die man gesehen haben muss
ISBN 978-3-95451-456-4

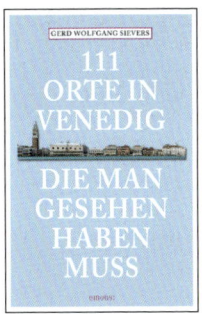

Gerd Wolfgang Sievers
111 Orte in Venedig, die man gesehen haben muss
ISBN 978-3-95451-352-9

Eckhard Heck
111 Orte in Maastricht, die man gesehen haben muss
ISBN 978-3-95451-368-0

Petra Sophia Zimmermann
111 Orte am Gardasee und in Verona, die man gesehen haben muss
ISBN 978-3-95451-344-4

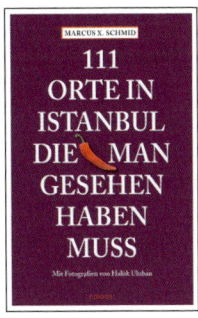

Marcus X. Schmid,
Halûk Uluhan
111 Orte in Istanbul, die man gesehen haben muss
ISBN 978-3-95451-333-8

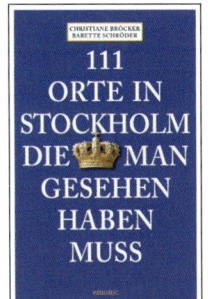

Christiane Bröcker,
Babette Schröder
111 Orte in Stockholm, die man gesehen haben muss
ISBN 978-3-95451-203-4

Oliver Schröter
111 Orte für echte Männer, die man gesehen haben muss
ISBN 978-3-95451-228-7

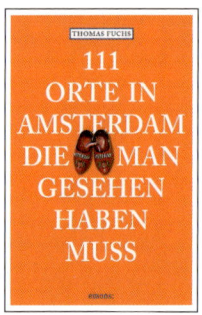

Thomas Fuchs
111 Orte in Amsterdam, die man gesehen haben muss
ISBN 978-3-95451-209-6

Annett Klingner
111 Orte in Rom, die man gesehen haben muss
ISBN 978-3-95451-219-5

John Sykes, Birgit Weber
111 Orte in London, die man gesehen haben muss
ISBN 978-3-95451-117-4

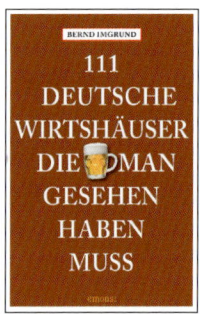

Bernd Imgrund
111 deutsche Wirtshäuser, die man gesehen haben muss
ISBN 978-3-95451-080-1

Susanne Thiel
111 Orte in Madrid, die man gesehen haben muss
ISBN 978-3-95451-118-1

Dirk Engelhardt
111 Orte in Barcelona, die man gesehen haben muss
ISBN 978-3-95451-066-5

Stefan Spath
111 Orte in Salzburg, die man gesehen haben muss
ISBN 978-3-95451-114-3

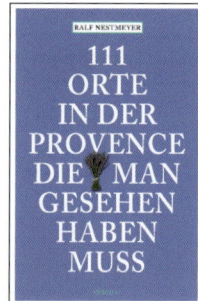

Ralf Nestmeyer
111 Orte in der Provence, die man gesehen haben muss
ISBN 978-3-95451-094-8

Peter Eickhoff, Karl Haimel
111 Orte in Wien, die man gesehen haben muss
ISBN 978-3-89705-969-6

Rike Wolf
**111 Orte in Hamburg, die
man gesehen haben muss**
ISBN 978-3-89705-916-0

Rüdiger Liedtke
**111 Orte auf Mallorca, die
man gesehen haben muss**
ISBN 978-3-89705-975-7

Lucia Jay von Seldeneck,
Verena Eidel, Carolin Huder
**111 Orte in Berlin, die man
gesehen haben muss**
ISBN 978-3-89705-853-8

Rüdiger Liedtke
**111 Orte in München, die
man gesehen haben muss**
ISBN 978-3-89705-892-7

Lucia Jay von Seldeneck,
Verena Eidel, Carolin Huder
**111 Orte in Berlin, die man
gesehen haben muss**
Band 2
ISBN 978-3-95451-207-2

Bernd Imgrund,
Britta Schmitz
**111 Kölner Orte, die man
gesehen haben muss**
Band 1
ISBN 978-3-89705-618-3

Bernd Imgrund,
Britta Schmitz
**111 Kölner Orte, die man
gesehen haben muss**
Band 2
ISBN 978-3-89705-695-4

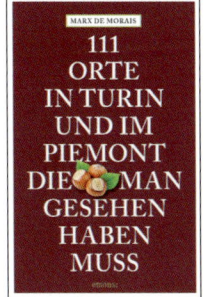

Marx de Morais
**111 Orte in Turin und im
Piemont, die man gesehen
haben muss**
ISBN 978-3-95451-736-7

Mercedes
Korzeniowski-Kneule
**111 Orte in Basel, die man
gesehen haben muss**
ISBN 978-3-95451-702-2

Die Autorin

Susanne Gurschler ist seit fast 20 Jahren als freie Journalistin und Autorin in Innsbruck tätig. Ihre Spezialität sind Kunst und Kultur, Regionalgeschichte und Architektur, Tourismus und Kulinarik. Die Germanistin schreibt Beiträge für Magazine, für Sammelbände, Jahrbücher und Kataloge.